U0547298

农研智库丛书

改革嬗变

金文成 主编

何安华 倪坤晓 副主编

新型农村集体经济发展的实践与探索

中国出版集团
研究出版社

图书在版编目 (CIP) 数据

改革嬗变 : 新型农村集体经济发展的实践与探索 / 金文成主编 ; 何安华 , 倪坤晓副主编 . -- 北京 : 研究出版社 , 2024.3 (2025.9重印)

ISBN 978-7-5199-1605-3

Ⅰ. ①改… Ⅱ. ①金… ②何… ③倪… Ⅲ. ①农村经济—集体经济—经济发展—研究—中国 Ⅳ . ① F321.32

中国国家版本馆 CIP 数据核字 (2023) 第 233444 号

出 品 人：陈建军
出版统筹：丁　波
责任编辑：寇颖丹

改革嬗变

GAIGE SHANBIAN

新型农村集体经济发展的实践与探索

金文成　主编
何安华　倪坤晓　副主编

研究出版社 出版发行

（100006　北京市东城区灯市口大街 100 号华腾商务楼）

北京建宏印刷有限公司印刷 新华书店经销

2024 年 3 月第 1 版　2025 年 9 月第 2 次印刷

开本：710 毫米 ×1000 毫米　1/16　印张：13.25

字数：210 千字

ISBN 978-7-5199-1605-3　定价：68.00 元

电话（010）64217619　64217652（发行部）

编 委 会

前言
PREFACE

发展新型农村集体经济，是党中央从巩固社会主义公有制、完善农村基本经营制度的角度作出的重大决策部署。

2016 年 12 月，中共中央、国务院印发了《关于稳步推进农村集体产权制度改革的意见》，明确提出“明晰集体所有产权关系，发展新型集体经济”。这是中央层面首次提出“新型集体经济”的概念。2018 年，中共中央组织部、财政部、农业农村部联合印发《关于坚持和加强农村基层党组织领导扶持壮大村级集体经济的通知》，明确提出到 2022 年，中央财政资金在全国范围内扶持 10 万个左右行政村发展壮大集体经济，除了一些确实不具备发展条件的村庄之外，要基本消除集体经济空壳村和薄弱村，逐步实现村村都有稳定的集体经济收入。2019 年 6 月，农业农村部印发《关于进一步做好贫困地区集体经济薄弱村发展提升工作的通知》，提出力争到 2020 年底前，集体经济薄弱村集体产权制度改革全面铺开，实现更多的集体经济薄弱村有经营收益、有成员分红。同年，习近平总书记在参加十三届全国人大二次会议河南代表团审议时强调，要“完善农村集体产权权能，发展壮大新型集体经济，赋予双层经营体制新的内涵”。2021、2022 年中央一号文件和“十四五”规划中也都明确提出要发展新型农村集体经济。2023 年中央一号文件提出“巩固提升农村集体产权制度改革成果，构建产权关系明晰、治理架构科学、经营方式稳健、收益分配合理的运行机制，探索资源发包、物业出租、居间服务、资产参股等多样化途径发展新型农村集体经济”，首次从中央层面明确了发展什么样的新型农村集体经济、怎么发展新型农村集体经济这个重大课题。

各地立足区位条件和资源禀赋，因地制宜确定主导产业和经营模式，积极发展具有地方特色的新型农村集体经济。有的地方发展“股权经济”，将土地等资源的经营权或使用权、房屋或设备等固定资产使用权，或自有资金、自筹资金、财政项目资金等入股农业企业等市场主体，通过资源变资产、资金变股金、农民变股东，共同发展乡村特色产业，促进农业农村联动发展，以获取股金分红或基金运作收益增加集体收入，这种发展模式在自然生态好或区位优势明显的村组较常见。有的地方发展“服务经济”，利用对社区群体和内外部环境较为熟悉的优势，通过领办创办多种形式的服务实体，为社区居民或各类经营主体提供土地流转中介、农业生产社会化服务等增加集体收入，这种发展模式散见于各地。有的地方发展“旅游经济”，利用村庄良好的生态环境和深厚的人文历史等资源，整合生态景观、历史文化、民俗节庆、农耕文明等元素，发展乡村旅游业增加集体收入。同时，一些有条件的地方通过引导农村集体经济组织开展村村合作、村企共建、抱团发展等方式，参股或领办实体经济，创新了集体经济发展的新模式。2021 年底，我国基本完成了农村集体产权制度改革阶段性任务，进入了发展壮大新型农村集体经济的新阶段。

新型农村集体经济发展成效显著。根据《中国农村政策与改革统计年报（2021 年）》数据，2021 年村集体收入保持平稳增长，全国村集体经济组织总收入 6684.9 亿元，村均 122.2 万元。从经营性资产总量看，2021 年农村集体经营性资产总额为 3.7 万亿元，其中村级经营性资产 2.7 万亿元，占比 73%；镇级经营性资产 6332.8 亿元、组级经营性资产 3662.9 亿元，合计占比 27%。从经营收益看，5 万元以上的村 32.4 万个，占比接近六成，村集体经济组织本年实现和上年结转的可分配收益总额为 3837.7 亿元。从成员分红看，确认村集体经济组织成员约 9 亿人，超过 10% 的村本年向成员分红，2021 年全国集体成员分红 748.4 亿元。总结我国新型农村集体经济发展的实践与探索，研判新时期新型农村集体经济发展中可能存在的问题，并提出发展的新路径新举措，对巩固提升农村集体产权制度改革成果、发展新型农村集体经济、促进共同富裕具有重大的现实意义。

本书分为农村集体产权制度改革篇、农村集体资产管理篇、农村集体经济发展篇、农村集体经济组织立法篇、乡村全面振兴篇五个部分，共收录了31篇文章。前言部分主要介绍本书的研究背景、研究过程、框架结构和写作分工。农村集体产权制度改革篇系统分析了农村产权制度改革的进展、实践探索、经验启示和对策建议，包括5篇文章。农村集体资产管理篇重点分析了集体资产监管的实践经验，包括6篇文章。农村集体经济发展篇系统分析了新型农村集体经济的内涵、政策选择、发展历程、路径探索，包括11篇文章。农村集体经济组织立法篇重点讨论了集体所有的性质、农村集体经济组织法人特别性，包括4篇文章。乡村全面振兴篇分析了乡村人才振兴的模式、困境、路径，村企合作的典型模式，包括5篇文章。

本书的研究主题、方案设计、框架结构、主要内容、逻辑思路、编写体例由农业农村部农村经济研究中心主任金文成研究员提出，并负责组织开展调查研究工作。本书内容由中心研究员习银生、研究员何安华、研究员高鸣、研究员谭智心、副研究员张斌、副研究员李竣、副研究员郭军、副研究员冯丹萌、副研究员张哲晰、副研究员倪坤晓、副研究员郑庆宇、助理研究员黄雨、助理研究员林煜、助理研究员种聪、助理研究员马霖青、助理研究员庞洁、助理研究员黄义、助理研究员炎天尧，北京林业大学副教授秦光远，山东社会科学院助理研究员曲海燕，中国储备粮管理集团有限公司孙泽宇撰写完成。

为加强农村集体经济发展问题研究，农业农村部农村经济研究中心于2021年组建了农村集体经济研究团队，由何安华研究员牵头，参与本书相关报告写作的同志多数都在农业农村部政策与改革司工作过，部司领导的关心指导和相关处室负责同志的热心帮助，培养了他们的研究兴趣，增强了他们的研究才干，为本书的出版奠定了基础。何安华研究员所在的乡村发展与城乡关系研究室被评为全国农村集体产权制度改革工作先进集体，倪坤晓副研究员被评为全国农村集体产权制度改革工作先进个人。值此本书出版之际，谨对部司领导和政改司的关心支持表示衷心感谢，对在本书调研、写作、出版过程中给予支持和帮助的中央单位、地方部门、村组农户以及出版社责编等，一并致以谢忱！限于作者的能力和水平，书中难免有错漏、不妥之处，诚请不吝指教。

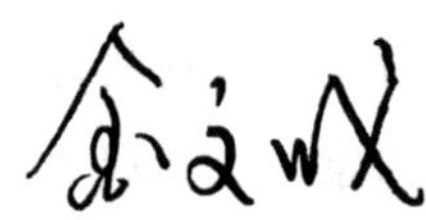

目录

CONTENTS

农村集体产权制度改革篇

农村集体资产管理篇

农村集体经济发展篇

农村集体经济组织立法篇

乡村全面振兴篇

农村集体产权制度改革篇

推动农村集体产权制度改革　因地制宜发展农村集体经济

何安华

2018 年 12 月以来，广东省深汕特别合作区（简称“合作区”）由深圳市全面负责建设管理，该区共有 4 个镇 34 个行政村 5 个社区 187 个自然村（村民小组），是深圳市唯一拥有农村和农民的区域，是推进乡村振兴的主战场，更是农业农村改革的“试验田”。合作区的农村集体产权制度改革始于 2021 年下半年，集体资产“村少组多”，村级集体经济发展总体迟滞，这为重新观察农村集体产权制度改革和发展村级集体经济提供了近乎从零开始的“窗口”。

一、抢时间抓进度推动改革

2021 年 9 月以来，合作区围绕清产核资、成员确认、折股量化、登记赋码、验收评估等重要环节，印发了系列文件，建立进村工作组入村专业指导，聘请专家咨询组现场答疑解惑。截至 12 月中旬，四镇已全部完成改革动员培训，对 29 个行政村（占 85.3%）、180 个自然村（占 96.3%）完成了摸底资料收集、发布公告及宣传培训等前期准备工作，其中，24 个行政村 69 个自然村表决通过了工作实施方案和领导小组名单，且这 69 个自然村正在开展 2021 年度的清产核资工作，有 9 个自然村已开展成员身份确认工作。2021 年 12 月底前，田寮、明溪两村完成折股量化，颁发了农村集体经济组织登记证书。3 个多月里，合作区抢时间、抓进度全面推动改革工作，展现了什么是“深圳速度”。

二、因地制宜发展集体经济

（一）以资产收益方式定向帮扶贫困村

贫困村内生发展能力较弱，亟需外力支持跃迁。合作区原有5个省级贫困村，其中南香村、东旺村、民生村、水美村由深圳市龙岗区帮扶，按照每村200万元的标准参与海丰县海龙投资大厦项目，年收益率5%，每村每年集体经济收入10万元。大安村由深圳市人才安居集团帮扶，投资150万元入股赤石镇天子山农业公园项目，年收益率7%，集体经济收入10.5万元。

（二）依靠出租物业山林茶园增加集体收入

立足本村资源禀赋“靠山吃山”，是低门槛发展村级集体经济的占优选择。红罗村集体经济基础薄弱，目前在鹅埠镇政府所在地附近有1栋楼在出租，年租金7万~8万元。明热村虽没有村级经营性资产，但有未承包到户的山林，通过出租山林获得少量租地款收入。2009年明溪村利用扶贫项目资金73万元建设自营80亩茶园基地，因效益不佳，自2018年起以年租金8万元发包给汕尾市的李某，租期30年，租金每年一付，但约定茶园须优先雇用本村劳动力，当前年雇工成本约为20万元。

（三）政村企合作开发征收返还留用地

合作区按照实际征地的10%对被征地村庄返还留用地，保证村民的经济产业发展。但有的村集体经济实力不足，难以独自大面积开发而导致留用地闲置浪费；或因开发建设能力不足，缺乏对市场的判断，难以获得预期开发建设收益；等等。为破解此难题，合作区和鹅埠镇田寮村通过“政府出钱、村里出地、国企运营”方式，投资1.35亿元建设“建材一条街”，在15年合作期内由政府委托第三方公司运营，按年租金126万元、每年递增5%的方式逐年向村集体返利，并在合作期满后连同地上物业一并返还给村集体。田寮村通过该项目已在两年内增加集体收入258.3万元。

（四）村村编规划问诉求按需开方抓药

合作区推动 34 个行政村编制村庄规划，为每一个村庄制定了土地利用规划方案，明确功能定位，探问发展诉求，提出路径建议，列出帮扶企业类型。按照“一村一特色”发展思路，选取 8 个村集中精力打造乡村振兴带头村，如少数民族特色村（红罗村）、古城寨特色村（云新村新寨村组）、古民居文化特色村（新厝林村）、滨海旅游特色村（百安村）等。例如红罗村是深圳市唯一的少数民族聚居地，有畲族红罗特色图腾祭祖文化和红色文化传承，每年还举办独有的“三月三”文化节、九月九“登高孝爱”文化节等，具备开发民俗旅游的特性，合作区计划将其打造为广东省首个畲族风情运动度假村落。

三、面临问题及建议

不管是推进农村集体产权制度改革还是发展壮大农村集体经济，既要“把脉问诊”析问题，更须“开方抓药”明措施。

（一）村民多种诉求捆绑阻滞改革

有些村的村民将土地征收款分配、宅基地资格权保障等诉求跟农村集体产权制度改革涉及的权益诉求捆绑在一起，个别诉求未符合预期就不愿配合甚至阻挠改革工作，导致改革出现“卡脖子”而进展缓慢。建议：向群众讲透政策文件精神，帮助其区分农村集体产权制度改革和宅基地制度改革，引导群众有序解决不同类型的诉求；系统分类梳理村民诉求，举合作区各部门协作之力解决村民的合理诉求，但同时又不能“吊高胃口”，要专项讨论村民不合理诉求的来源，必要时制定处置预案。

（二）发展村级集体经济几无抓手

集体资源资产是发展村级集体经济的关键要素，但集体资源资产“村少组多”，有的村是组级（自然村）集体经济很强，村级（行政村）几乎没有经营性收入，发展村级集体经济缺少抓手。建议：借助清产核资工作摸清和显化村级集体资源资产，激活沉睡资源，盘活闲置资产；积极探索村级和组级关于集体资源资产的有效合作形式，健全完善村级和组级的收益分配制度；扶持农村集体经济发展的各类项目、政府资源等，应主要以村级集体经济组织为实施载体。

（三）发展集体经济路径窄措施少

34 个行政村中，多数村并未实际经营村级集体经济，个别村有少量林地、物业出租创收，但总体上是路径窄、办法少、措施少。调研发现，不少村庄拥有各类特色资源，如温泉、古迹、红色资源等，具备壮大集体经济的潜力。建议：开阔思路探索“七条路”。围绕“地”，多元化经营农地或收取管理服务费用；围绕“水”，堰塘清淤释放水产养殖和供水效能；围绕“房”，盘活闲置农房和宅基地服务农旅产业；围绕“景”，挖掘景观和文史资源开发旅游经济；围绕“钱”，努力开拓现金回流快的生产生活服务；围绕“业”，选准联建项目聚合多村抱团发展；围绕“人”，制定激励机制力促村社干部谋思良策。

改革集体产权制度　实现强村富民双赢

——以河南巩义市为例

倪坤晓　何安华　高　鸣

一、巩义市改革基本情况

2018 年 6 月，巩义市被农业农村部确定为农村集体产权制度改革第三批试点县（市）。自工作开展以来，巩义市扎实推进产权制度改革各个关键环节工作有序开展，提前 10 个月完成了产权制度改革各项任务，取得了积极成效。全市 19 个镇（街道）有产权制度改革任务的 298 个行政村（居委会），均已按照规定程序完成了此项改革工作。共清查核实资产 51.28 亿元，其中经营性资产 11.04 亿元，非经营性资产 40.24 亿元，资源性资产 130.81 万亩；成立集体经济组织 299 个，发放集体经济组织登记证书 299 个，其中镇级联合总社 1 个；发放农村集体经济组织股权证书 17 万余本；确认集体经济组织成员 72.0397 万人，量化资产 7.47 亿元。

二、巩义市改革典型做法

（一）强化宣传培训，加强督导考核

充分发挥电视台、微信群等媒体作用，通过张贴标语、悬挂条幅、发放公开信等形式，广泛宣传动员，形成政府主持引导、群众自觉参与、社会各界支持的工作局面。悬挂横幅 400 余条，印制材料汇编 600 余本，发放公开信 10 万多张。邀请专家在全市范围内分层次、分类别、分区域举办专题培训班，将农村集体产权制度改革的工作重点难点、关键环节、注意事项等知识

广泛地普及市、镇、村三级干部队伍，打造了一支推进农村集体产权制度改革工作的核心干部队伍。累计举办培训班 25 期，培训人员 2555 人次。在督导环节，由市委、市政府督查局牵头，安排专人对各镇（街道）集体产权制度改革工作进行不定期督促检查，并实行分镇包村工作责任制，市农委安排班子成员、中层干部分包镇（街道），农技指导人员分包村（居委会），按照每月计划进行定期查看指导，稳步有序推进产权制度改革工作。在考核环节，将农村集体产权制度改革工作列入市重点工作机制“4+4+2”考核指标中，制定《巩义市农村集体产权制度改革工作考核办法》，明确考核对象、内容、方式和计分办法，对各镇人民政府、街道办事处进行月评比、季考核，并将工作进展情况以简报的形式进行排名通报，每月后三名要在全市领导干部大会上做检讨、表态度，前两名做经验介绍。

（二）紧抓党组建设，激发改革动力

成立农村集体产权制度改革工作领导小组，市委书记任组长，市委副书记、市政府市长任常务副组长。领导小组下设八个工作小组，分别是综合协调组、政策指导组、宣传报道组、清产核资组、身份认定组、股权经济组、督导督查组和信访接待组。八个工作小组各自设立了组长、牵头单位和配合单位，并明晰了主要职责，共同服务于农村集体产权制度改革。严格落实三级书记抓改革的工作要求，市、镇、村层层建立领导机构和工作班子，层层分解任务，逐级传导压力。在推进产权制度改革过程中，巩义市提倡党组织书记或支部委员通过法定程序担任集体经济组织负责人，并要求把党建工作写入章程，进一步理顺管理体制，使村委会和集体经济组织都在党支部的领导下开展工作，为党组织发挥领导作用提供有力保障，进一步激发改革内生动力。

（三）开展清产核资，亮出集体家底

在清产核资阶段，充分利用土地确权和卫星测绘成果，严格抓好清理、登记、核实、公示、确认和上报六个环节，对集体“四荒”地、林地等所

有资源资产进行了精准测量，分别建立台账，做到“三榜”公示，确保集体资产不漏、不落、不差。针对资产登记和核实环节涉及的审计和评估等专业性、技术性强的问题，采取政府购买服务的方式，科学引进第三方专业机构，聘请专业人才对各镇村进行技术服务和指导。要求各镇村明确实施主体的责任，在工作推进中不能过于依靠第三方机构。在资产清理中，以镇级三资平台上各村财务会计账目为依据，坚持账内账外相结合，全面盘点资金、实物、债权债务等资产，并将固定资产一一编号统计，同时照相备案。在资源清理过程中，巩义市采取实地勘测丈量的方式，查明实际数量，以国土部门提供的“二调”数据为参考，结合农村土地承包经营权确权数据，进行权属、边界、四至及面积确认。根据清查结果，按照类别、项目不同，分类建立资产、资源两本台账，做到账实相符。加强对各村（居委会）资产的出租合同不合法、不合规、不合理等突出问题的清查清理，做到边清查边整改，发现一处，整改一处，确保农村集体资产、资源公平公正合理有效使用。

（四）科学确认身份，明晰成员资格

巩义市农委制定农村集体产权制度改革工作详细的时间任务表，明确工作节点和要点，要求成员身份确认与清产核资同步开展。出台了《巩义市农村集体经济组织成员身份确认工作指导意见》，要求成员界定要注重征求农民意见，坚持“众人的事由众人商量”，保证农民的知情权、参与权和选择权，并兼顾土地承包关系和集体经济组织利益关系。各村（居委会）在成立成员界定领导小组后，迅速召开村民代表大会，按照“尊重历史、照顾现实、程序规范、群众认可”的原则，在各镇政府出台的成员身份确认指导意见下，结合本村实际，因地制宜，一村一策，制定本村的成员界定实施方案，最大限度保护农民的合法权益。在人口摸底过程中，为确保信息的真实准确性，巩义市创新方法，要求除了户主签字、按手印外，两个入户调查人员也要在户口复印件上签字确认，并与当事人合影备案，最终形成成员清册，并实行三榜定案，接受群众的监督。

（五）统一股权标准，量化成员股份

在股份量化上，将集体经营性净资产折算成股份并量化至每个集体经济组织成员，该净资产为按照清产核资工作程序清理核实的资产。在股权设置上，原则上只设个人股，不设集体股，实行一人一股制。鼓励各村在充分尊重群众意愿前提下探索创新股权设置办法。如确需设置集体股，可按照经营性净资产的一定比例进行折股量化，集体股占总股本的比例由村集体经济成员（代表）大会讨论决定，原则上不得超过20%。对无净资产或净资产为负数的，可通过虚拟股份的方式按成员人数分配股份，作为将来资产量化的依据。在股权管理上，采取“量化到人，固化到户”的管理模式，原则上实行“两不增、两不减”的静态管理办法，不随人口增减变动而调整股权，在各户内部实现增人减人的平衡。以户为单位向集体经济组织成员出具股权证书，作为其占有集体资产股份、参与决策管理、享受收益分配的有效凭证。将来子女分户的，原则上不调整原股权设置，股权可以内部继承、转让和赠与，但不得退股提现。

（六）成立经济组织，科学制定政策

巩义市目前的做法是，一个行政村成立一个集体经济组织，即集体经济（股份）合作社。根据规定，村经济合作社应尊重和支持村委会的工作，合理安排发展科技、教育、文化、卫生等公益事业以及办理公共事务所需的资金。收益少或无收益的经济合作社，应通过发展集体经济取得分红，不得举债或变卖集体资产用于分红。此外，巩义市还成立了一个镇级联合总社，即巩义市竹林镇经济联合总社，制定《巩义市竹林镇经济联合总社章程》。该镇级联合总社有总股数为12049股（社员股权界定基准日截至2018年9月30日24时），现有各社区经济合作社界定的社员按一人一股配股，涉及总社员数12049人，实际用于折股量化的经营性净资产（总股本）为16266.57元（原值）。为增强村级集体经济发展的后劲，巩义市研究出台扶持壮大村级集体经济行动计划，盘活闲置宅基地和闲置住宅的指导意见等配套政策。这些政策的出台从财政、土地、项目、金融、人才等方面为集体经济发展提供支持，引导各村通过盘活闲置资产、开展土地流转、发展乡村旅游等途径，发展壮大村级集体经济。

三、巩义市发展成效

（一）开拓集体经济发展空间

巩义市把农村集体产权制度改革与农村人居环境治理相结合，集中3个月时间在全市农村范围内对违章建筑进行拆除，共拆除违建16056处，啃掉了一批“硬骨头”，解决了一大批集体用地被长期占用的难题。该举措有三方面的成效：一是腾出了更多的公共发展空间；二是腾出了更多绿化和建设用地，通过拆违补绿使村庄环境面貌得到了明显改善；三是解决了一些历史遗留问题，使基层干部在群众中的声望进一步提升，基层干部的群众关系更加和谐。

（二）盘活闲置宅基地和住宅

巩义市研究制定盘活闲置宅基地和闲置住宅的指导意见，规定农村村民一户只能拥有一处宅基地，严格按照批准面积和建房标准建设住宅，禁止未批先建、超面积占用宅基地。巩义市通过两种方式盘活农村闲置宅基地和住宅：一是农村集体经济组织对闲置宅基地进行统一管理、使用、收益，二是鼓励农民盘活利用闲置住宅。通过这两种方式达到了盘活闲置宅基地、激活闲置住宅、共享农房的目的。小关镇南岭新村盘活闲置宅基地和住宅8处，发展旅游农家乐17家140间，其中农家乐住宿88间，夏季住宿基本爆满，房间平均价格为100元左右，带动农家乐收入快速增长，每年增收10万~20万元不等，带动集体经济增收1.3万元。

（三）明晰集体经济发展路径

各村立足自身优势，通过盘活土地资源、经营资源资产、提供有偿服务、整合多方资金等形式，积极探索集体经济发展路径。杜甫街道外沟村通过盘活集体资源，发展资产型经济和物业型经济，村集体经济收入得到持续提高，2018 年该村年集体收入达到 674 万元。小关镇南岭新村通过整合有关政策性资金，建设 1800 平方米标准厂房，实行租赁经营，村集体每年收益 10 多万元，其中 20% 作为村级扶贫专项资金，直接用于服务贫困群众发展公益事业。米河镇明月村以农村集体产权制度改革为突破口，通过流转荒山荒坡和集体土地，每年收益 100 万元，村民年均增收 2260 元。

（四）拓宽集体成员增收渠道

这次集体产权制度改革建立了集体与农民的利益联结机制，农民通过股份量化，在集体经济中获得分红，增加了财产性收入。2019 年春节前，巩义市近 20 个村（组）进行了分红，让群众充分享受了这次改革发展带来的红利。1 月 13 日，竹林镇经济联合总社召开首届社员分红大会，为全镇 3477 户 12049 人发放股权红利 120 余万元。1 月 23 日，米河镇小里河村经济合作社召开了首届股东分红大会，现场为 1108 户 4610 人发放分红款 750 万元，通过银行转账的方式打到每家每户的指定账户上，并及时对外公布相关信息，接受全体股东监督。这两次分红让群众充分享受了这次改革发展带来的实际红利，激发了干事创业的内生动力，为各项经济事业发展奠定了坚实基础。

（五）建立资产综合管理系统

巩义市农村集体资产综合管理系统的功能包括财务监管、资产管理、股权管理、清产核资、地理信息、村务公开、财务公开、产权交易、经济合作社、大数据分析和监管等 10 个模块，每个模块包括若干个模块选项。该系统用户分为县、镇、村三级，每级用户使用权限不同。县级用户对全县数据进行统计分析及审核驳回，如对清产核资数据、集体经济组织大额资金支出、集体经济组织成员信息、集体经济组织分红状况，以及全市集体经济组织资源资产分布位置的查看、审核和分析。镇级用户对本镇各村填报的数据进行初审，如对清产核资数据审核驳回、对集体经济组织成员变动审核批准、对集体经济组织小额资金支出进行审核批准等。村级用户负责本系统数据的收集及填报，如清产核资数据、资金收支、集体经济组织成员信息、固定资产电子台账的收集填报，各类资源资产地理信息位置的标注，以及村务财务信息的公示公开等。

（六）提升乡村社会治理水平

巩义市在股权量化的基础上，尝试将集体组织成员身份与其权利义务相挂钩，增强集体组织成员身份感。一方面通过村规民约对集体组织成员形成一定的约束，规范成员行为；另一方面将成员分红与其在集体组织内的表现挂钩，表现好的会相应加分，增加分红，表现差的会相应减分，减少分红。如某户某人未配合村委工作尽到应尽的社会义务，或没有善待老人小孩等会酌情减少其集体经济合作社内的分红。该项举措效果较好，加强了村规民约的约束力，促进了农村社会内部和谐与稳定，达到了治理有效的目的，为进一步发展壮大集体经济、提升乡村治理水平提供了新的思路。

四、巩义市改革面临的主要问题

（一）相应的法律和政策法规不完善

2020 年颁布的《中华人民共和国民法典》明确了农村集体经济组织的特别法人地位，但目前尚无配套法律法规对这一特别法人进行明确规范，使得集体经济组织的法人地位缺乏法律保护，投资主体地位不明确，税收优惠政策落实不到位。农村集体经济组织在税务、金融、组织管理上缺乏配套政策支持，如在税务部门登记开户时，账户管理、纳税、税收优惠等政策尚不明晰，如何纳税，能享受哪些税收优惠都需要进一步明确。

（二）基层的农经管理和专业人才缺乏

农村集体产权制度改革的政策性和专业性较强，需要较为稳定的人才队伍和充足的资金支持，改革需要在市、县、乡农经干部的业务指导下进行。巩义市农经工作人员整体年纪偏大，专业技术人才少，特别是村一级，缺少有担当、有思想、有能力的领导干部和懂经营、会管理的三农复合型人才。

（三）多部门之间的协调配合仍需加强

部门之间协作仍存在一定问题：一是改革中农业农村部门统计的资源性资产数据与国土“二调”、国土“三调”数据衔接不够，存在一定差异，集中体现在集体建设用地和未利用地的数据统计上；二是农村资源性资产的登记涉及农业农村部和自然资源部等多个部委或机构，部门间的协作仍需加强；三是村级学校的土地和建筑物产权归属问题较为复杂，涉及国家所有、集体所有、农户权益等问题，需要相关部门、村集体和农户等多方的合作。

五、推进改革的政策建议

（一）研究制定集体经济组织相关法律

针对当前集体经济组织面临的法律地位缺失、市场主体地位不充分的现实情况，抓紧研究制定农村集体经济组织法，明确集体经济组织的法人本质特征、成员制度、运行机制、扶持政策等。财政、金融、税收、土地等部门要为发展壮大集体经济提供相应的配套政策支持，如明确农村集体经济组织的税费减免政策，安排财政专项资金奖励集体经济发展，完善集体经济组织的股权抵押贷款，等等。

（二）培养县乡村三级农经管理专业队伍

强化县、乡镇和村级的农经管理队伍建设，注重人才培养，提高各级干部群众发展村级集体经济的能力。分层分级组织培训，对县、乡镇级有关人员重点培训农村集体经济发展的政策措施和工作要求，对镇（街道）、村有关人员重点培训发展路径、项目管理、经营管理实务操作等内容。选育引领集体经济发展的带头人队伍，重点加强村干部的选拔，优化干部队伍结构，发挥村党支部书记的“领头羊”作用。可探索实施经营管理绩效与经营者收入挂钩、“基本报酬 + 绩效考核 + 集体经济发展创收奖励”的村干部报酬补贴制度。

（三）加强产权改革的跨部门沟通与协作

改革中，集体资源性资产的权属、四至和面积等的核定涉及农业农村部和自然资源部等多部委或机构的职能；在设立集体经济合作社后，集体经济组织的发展又离不开税务部门和金融机构等的支持。改革需要多部门通力协作，形成合力才能有效完成改革任务，促进农村集体经济发展。

江苏省苏州市农村集体产权制度改革的实践经验

张哲晰　高　鸣　倪坤晓

江苏省苏州市走在农村改革发展的前沿，通过全面提升“三资”监管水平、鼓励合作社股权固化、探索资产运营新模式、有序推进“政经分离”等举措稳步推进农村集体产权制度改革。但是，相关配套政策不足、税费负担较重、收入来源较为单一是影响苏州市改革进程的主要问题。对此，在今后一段时期，苏州市应在坚持集体所有制不动摇的前提下，扎实做好改革“回头看”工作，继续强化制度体系建设，通过创新发展形态激发集体经济组织活力，形成推动农村集体产权制度改革的长期动力。

2001 年，苏州市启动了社区股份合作制改革，为农村集体产权制度改革拉开了序幕，2016 年，苏州市全面完成农村社区股份合作制改革任务。多年来，苏州市始终走在农村改革发展的前沿，在推进农村集体产权制度改革方面取得积极成效。苏州市作为经济社会快速发展的城市，其在农村集体产权制度改革中面临的问题也将是很多地区正在面临或即将面临的问题。

一、改革进展及成效

苏州市始终把加强党对“三农”工作的领导作为推进农村改革的政治保证，扎实稳定推进改革工作。苏州市作为全国农村改革试验区，先后承担了 12 项全国农村改革试验任务，覆盖了农业农村领域多个方面。其中，在农村集体产权制度改革试验方面，城乡发展一体化改革试点主题下的农村土地经营管理制度改革试验任务（2011—2015 年）、吴中区发展农民股份合作赋予农民对集体资产股份权能改革试点任务（2015—2017 年）已完成，并通过验收；土地承包经营权有偿退出试点任务（2016—2018 年）已完成总结工作，并在 2019 年 7 月接受了农业农村部专家组评估；吴中区农民集体收益分配权退出试点任务（2017—2019 年）正在有序开展。苏州市稳步推进清产核资、成员确认、股权设置、折股量化、建立组织等关键任务，深化改革，截至2018年，全市 1311 家社区股份合作社的股权固化改革基本完成，惠及 122 万户农户，467 亿元集体经营性资产折股量化到人、固化到户、权证证书发放到户。

二、创新经验及做法

苏州市在农村集体产权制度改革实践中起步早、发展快，分领域、分阶段、分步骤有序推进，使集体所有制焕发出新的活力和生机，现将改革重点环节、主要创新经验及做法汇总如下。

（一）全面提升“三资”监管水平

苏州市创新加强农村集体“三资”管理，推动规范建设。一是搭建专业化信息平台。苏州市建设全市统一平台系统，2017 年，实现集体资产地理信息全部“上图”，着力构建完善的集体资产数据库。二是引入专业第三方代理，健全监管机制。苏州市在全市推行村级财务第三方代理，由政府购买服务，形成了出纳驻村、会计驻镇、中介代理、在线管理的“三资”监管新模式，同时，推行村级资金非现金结算，并形成村务卡、市民卡“双卡”支付体系。

（二）鼓励合作社股权固化

面对因人口增减、股份变动引发利益纠纷的情况，苏州市扎实推动股权固化。一是出台文件强化指导。苏州市出台《关于社区股份合作社股权固化改革的指导意见（试行）》，指导全市全面开展社区股份合作社股权固化工作，实行“固化到户、户内共享”的静态管理。地方也出台相关文件指导落实，如《吴中区社区股份合作社股权固化改革实施意见》《关于推进农村社区股份合作社股权固化改革的实施意见（试行）》等。二是因地制宜稳妥推进。股权固化具有系统性和复杂性，苏州市积极组织领导力量、制定工作方案、强化宣传培训、抓好群众思想，力求合理确定股权固化时间，截至 2018 年，全市社区股份合作社的股权固化改革工作基本完成。

（三）探索资产运营新模式

苏州市创新集体资产运营模式，多措并举壮大发展村级集体经济。一是建设农村产权交易市场。2015 年，苏州市组建了农村产权交易中心有限公司，此后，开展全市所有镇（街道）农村产权交易分中心（窗口）建设，2018 年，苏州市“三资”管理信息化平台与市产权线上交易系统完成对接。线上电子竞价交易不仅能充分发挥市场在资源配置中的决定性作用，更有利于集体资产透明流转，保障农民权益不受侵害。二是联合抱团发展。苏州市建立完善区镇抱团发展平台，以村集体资产入股镇级抱团发展载体，通过共同建造标准厂房、物业用房，或异地购买优质资产等方式，构建村级经济长效发展机制。截至 2017 年，全市已组建镇级以上牵头的村集体联社（公司）等统筹发展平台 90 个，累计完成投资 66.2 亿元，建成经营性物业 3172 万平方米。三是鼓励创办农村旅游产业。苏州市大力支持集体经济发展乡村旅游服务业，一方面有效利用乡村闲置房屋资源，另一方面将成熟的农村公共服务配套项目纳入政府定点采购范围，着力拓宽村级集体经济增收渠道。

（四）有序推进“政经分离”

苏州市探索“政经分离”是新时代提升农村基层社会治理水平的重要手段。一是上级领导高度重视。2014 年，苏州市委、市政府发布《关于进一步发展壮大村级集体经济的意见》，提出全面推行“政经分离”改革；2015 年，市委主要领导再次提出要深入推进“政经分离”等农村改革，为城乡发展一体化提供强大内生动力。二是试点不断纵深推进。截至 2017 年底，苏州市共有 415 个行政村（社区）开展试点，并按照组织机构、管理职能、成员对象、议事决策和财务核算“五个分开”要求，探索“政经分离”，提升基层公共服务水平和集体资产经营管理水平，高新区枫桥街道经验还被写入中共中央办公厅、国务院办公厅《深化农村改革综合性实施方案》，并在全国推广。

三、存在的主要问题

（一）相关配套政策不足

农村集体产权制度改革在摸索中推进，相关政策引导和支持的不完善、不到位不利于农村集体经济组织健康发展。改革的顺利推进必须从制度层面加以支持，如税费、金融、用地等。但是，当前针对集体经济组织的税收优惠政策几乎是空白，集体资产股份权能在有偿退出、抵押、担保、继承上仍待破题，土地政策较少，改革路上的“路障”亟待清除。因此，应从政策制度层面出发，一方面破除当前阻碍农村集体经济发展的不合理规定，另一方面建立农村集体经济支持新体系，营造良好政策环境，激发农村经济活力。

（二）税费负担较重

税费负担重是困扰农村集体经济组织发展的一个重要问题，也是大多数农村集体经济组织不愿意进行工商登记的重要原因之一。集体经济组织兼具农产品加工行业和工商企业特点，税费问题比较复杂，会涉及营业税、企业所得税、印花税、契税和个人所得税等。在苏州市调查时发现，一般集体经济组织需要缴纳的税费大致涉及 12 种，综合税率在 30% 以上，在集体经济组织在市场中总体处于弱势地位的背景下，集体增收难上加难。因此，应妥善处理税费过重的问题，助力农村集体产权制度改革顺利推进、农村经济持续健康发展、农民收入日益增长。

（三）收入来源较为单一

集体经济经营模式主要包括发展物业经济，组建农房、劳务等各类股份合作社，建设“互联网+现代农业”、休闲观光农业等。依托土地经济固然能在短期内取得经济成效，但长期发展潜力有限。同时，专业人才的缺乏也会影响集体经济发展走向，容易造成盲目跟风、风险防御能力不足等问题。因此，应坚持市场导向，引入职业人才，积极探索适应新时代要求的集体经济组织形式、运营机制、发展模式，推动集体经济高质量发展。

四、进一步推进产权制度改革的重点任务

结合苏州市农村集体产权制度改革发展现状，课题组认为，在今后一段时期，苏州市应在坚持集体所有制不动摇的前提下，扎实做好改革“回头看”工作，继续强化制度体系建设，通过创新发展形态激发集体经济组织活力，形成推动农村集体产权制度改革的长期动力。

（一）坚持集体所有制不动摇

坚持集体所有制不改变、不动摇是农村集体产权制度改革的根本前提，也是苏州市能够取得积极改革成效的基本经验。随着城乡一体化的发展，苏州市农村集体资产的存在形态、经营方式以及集体经济组织成员的生产生活方式都发生了新的变化，但量化到人的股权只作为成员享受所在集体经济组织收益分配的必备依据，其所有权仍归属集体经济组织全体成员的核心要义不能改变。对农民集体所有权实现形式的探索，包括对农民集体主体的改造等，均应以坚持农民集体所有为前提，不能违反土地公有制的底线要求。需要明确无论是宅基地制度改革还是集体经营性建设用地入市改革，都不应涉及所有权的变更，基于土地市场化使用的“两权分离”与“三权分置”，以及其他各种形态的改革土地使用制度的创新举措，均不能触及所有制与所有权的变更，也不应越过土地公有制底线。

（二）做好改革“回头看”工作

苏州市农村集体产权制度改革走在全国前列，无现成的经验和路径可循，

需要摸着石头过河，在改革进入深水区以后，扎实做好“回头看”工作，及时发现问题纠正偏误显得非常重要。农村集体产权制度改革是涉及成千上万农民群众切身利益的重大决策，特别需要正确处理加快推进改革与保持农村社会和谐稳定的关系、严格依法依规与特殊情况实行“一村一策”的关系、激发农民群众积极性与强化政府指导力的关系，确保改革工作平稳有序推进。在改革推进过程中，一方面，要积极放权探索，充分发挥一线指导服务和管理职能，分解落实改革任务，逐个指导改革实践，直接组织改革实施；另一方面，要及时组织实施“回头看”，总结发现薄弱环节和存在的问题，制订整改完善工作计划，确保改革工作决策民主、方案科学、操作规范，确保改革经得起历史和群众的检验。

（三）继续强化制度体系建设

通过局部地区先行先试，探索形成制度化、体系化的试点经验，是苏州市开展农村集体产权制度改革的重要使命，强化制度体系建设成为未来改革的重点任务。一是继续规范和强化集体资产管理体系。切实抓好农村集体资产管理规范化建设，重点抓好村级非生产性开支、财务票据和集体资产财务公开等制度落实，确保资产安全运行和保值增值；强化农村审计监督，落实审计整改和结果公开，严堵管理漏洞，保障农民的合法权益。二是建立健全农村产权收益管理制度。按照产权“谁所有谁收益”的原则，对产权交易产生的收益分配作出规定，建立公正、公平、合理的利益分配机制，防止产权交易的收益层层按比例扣留，“雁过拔毛”。三是理顺“政经分离”后集体经济组织的监管体系。集体经济组织与村民委员会、村民的关系错综复杂，普遍存在治理结构不够合理、内部运作不够规范、发展缺乏动力，以及股权纠纷、换届选举等矛盾。在“政经分离”后如何进行归口管理变得更为复杂，需要加快研究明确集体经济组织的监管责任和监管方式。四是强化民主决策、民主管理和民主监督制度。全面落实重大事项审查和报告制度，健全集体事务公开制度，建立行之有效的监督管理体系，提高集体产权收益分配的透明度，切实保障广大社员的知情权、参与权、表达权和监督权，不断提高集体成员参与公共事务的积极性。

（四）创新发展形态

推进农村集体产权制度改革的最终目的在于增加农民收入，凡是有利于增大经济规模、增加集体资产收益的发展方式和路径都应该允许探索。在推动农村集体产权制度改革的过程中，必须根据资产类型和分布情况，积极引入市场竞争机制，因地制宜采取多种方式，切实提高运营效率，增加资产经营收益。积极开展以资源有效利用、资产物业租赁、设施统一服务等为主要内容的集体经济发展路径，不断夯实党在农村执政的物质基础，不断增加集体经济组织成员财产性收益。具体包括：推进集体经济组织联合升级发展，以股份化、集团化为手段，打破行业和地域界限，整合资源、资产、资金，通过参股、联营、长期投资等多种方式扩大联合与合作，以镇为单位甚至跨镇、跨市联合组建联合社、联合公司等联合发展平台，加速升级改造，做到“市、镇主导开发，市、镇、村三级分利”，实现抱团发展、优势互补、资源共享。鼓励集体经济组织异地发展，盘活存量土地，通过集体非农建设留用地、存量建设用地异地置换等形式，进入城镇和开发区发展，参与城镇化和城乡一体化建设。此外，还应坚持开源节流，科学界定资产收益用于发展再生产、内部管理和公共服务的比例，引导和鼓励集体经济组织持续合理地提高成员分配水平，让发展成果更多惠及农民，构筑起农民与集体经济更为紧密的利益联结关系。

破解“城中村”集体产权制度改革难题的实践探索
——以长春市南关区为例

郑庆宇

一、南关区“城中村”推进改革难的突出表现

（一）“城中村”数量不多但村情复杂

南关区是长春市的南大门，科教文体资源丰富，传统商业氛围浓厚，是集商贸中心、科教中心、金融中心于一体的中心主城区。该区现辖 12 街 1 乡 7 个行政村 59 个社区，7 个行政村都属于“城中村”。从 20 世纪 80 年代中期开始，农村集体土地就不断被征收，2019 年全部被纳入长春市整体征收范围，2021 年底全部实现城市化。2021 年初，有 1 个村（东安村）已实现城市化，有 1 个村（东风村）还有部分土地正在征收中，有 2 个村（黑咀子村、光明村）已基本完成征收，有 3 个村（八一村、红嘴子村、富裕村）正在全面征收。同时，各村土地发包情况也存在较大差异，2 个村（东风村、东安村）没有进行一、二轮土地发包，1 个村（黑咀子村）仅进行了一轮土地发包，还有 4 个村（八一村、红嘴子村、富裕村、光明村）进行了两轮土地发包，从而形成了“七个村、七个样”的复杂情况。对这些无承包地或承包关系不完整的村落，在进行成员身份确认时，没有可供参考的土地承包合同，无充分证据证明某村民是否为原生产队社员，给成员确认工作带来了巨大的阻力。

（二）“城中村”面积不大但资产量大

这 7 个“城中村”虽然面积和规模不大，但农村集体资产总额达到 32.83

亿元，约占全省农村集体资产总额的10%。在城市化进程中，这些“城中村”通过土地征收补偿等形成了大量资产，又普遍回购被征收土地使用权开发物业或购置房产，从而实现了集体资产增值。例如，黑咀子村集体资产总额6.20亿元，经营性资产5.41亿元，年经营性收益近4000万元。东风村集体资产总额3.09亿元，经营性资产2.22亿元，2020年经营性收益达435.74万元，实现收益分红400万元。短期来看，单纯依靠物业租赁经营的方式收益平稳，如东风村3万元/（年・人）的财产性收入完全能够满足成员的基本生活保障，但从长远看，外部经济形势的不确定性日益增加，房屋折旧损耗较为严重，特别是受新冠疫情等突发性因素的影响，“城中村”的集体资产在无形之中不断被折损，集体资产保值增值的压力越来越大。

（三）“城中村”人员不多但关系复杂

“城中村”人员结构复杂，在城市化进程中，外进内出形成了多种人员类型。如东风村全村774人共确认成员636人，包括生产队解体时有安置协议的村民（在世的和已经死亡的）、退休人员、“305”人员、老股金人员、村办企业老社员、给予一次性补助人员等，其中最难处置的是“305”人员。早期东风村属于幸福乡政府管辖，有一部分村民曾为村集体做过贡献，后由于土地征收被用地企业招工等原因转为非农户口，当时没有签订被征地农民安置补偿协议。后来，多数人因企业下岗等原因生活比较困难，幸福乡政府为解决这部分人群的生活保障问题，成立了帮扶中心，为其发放生活补贴。2006年，东风村划归新成立的鸿城街道管辖，从2010年开始，村里延续为其发放生活补贴，每人每月发放305元，随着城市最低生活标准的提高，现在每人每月发放达1000元。这部分人员强烈要求恢复集体经济组织成员身份并为此不断上访，引发了很多矛盾，这部分人员被称为“305”人员。

二、南关区破解“城中村”产改难题的探索实践

“城中村”集体产权制度改革的核心是如何处理好集体资产与集体成

员之间的关系。南关区把维护成员利益作为集体产权制度改革的重要目标，以此拉近党群干群距离，化解转居人员与未转居人员矛盾，解决成员确认、折股量化过程中引发的信访问题，有效维护了“城中村”社区和谐稳定。

（一）灵活设置成员确认依据，准确界定集体成员

2016 年《中共中央 国务院关于稳步推进农村集体产权制度改革的意见》指出，要统筹考虑户籍、土地承包关系、对集体积累的贡献等因素，做好成员确认工作。但实践中，“城中村”居住人员普遍实现了农转非，并且在该村域范围内居住且生产生活的人也往往并非本村人。另外，“城中村”普遍经历了大规模的土地征收，有些村可能还没有进行土地发包，就已经没有集体土地了。“城中村”成员确认工作既不能单纯考虑户籍因素，也不能完全基于土地承包合同，东风村结合当地实际探索出了以安置补偿协议作为重要判断依据的做法，即具有安置补偿协议的村民，不管是否在世，均视为在生产队参加过劳动，理应享有土地承包经营权。另外，有老股金的人员通过改革开放前入社时缴纳的相关凭证，村办企业老社员通过一次性补助凭证证明其为原社社员。实践证明，这种灵活处理方式照顾到了多数群众的切身利益，可以得到群众的理解和支持。

（二）差异设置股权，科学平衡权益

对于人员种类复杂的情形，通过差异化配股，合理分配股权。例如，东风村通过详细的股权设置方案，彻底解决了不同人员的股权分配问题。一是优化股权设置。设置集体股、成员股，各占比 20%、80%。集体股主要用于村内运转、公益事业、遗留问题等方面；成员股主要由基本股和农龄股组成，基本股每人配 40 股，本村有安置协议的集体经济组织成员中的自理口粮人员（非原始村民），按照 60%配置 24 股。农龄股按照集体经济组织成员在集体劳动年限计算，每 10 年增加 8 股，超过 50 年，按比例适当增加股份。二是特殊股权设置。由于东风村土地征收早、生产队解体早等历史原因，形成了

两类特殊人员股，一类是前述“305”人员股，这部分人员虽然之前离开了村社，但考虑到他们曾经也参加过村社劳动，且普遍生活比较困难，所以村里就将“305”人员纳入成员确认的范围，在村内将矛盾有效化解。另一类是“老社员子女股”。1983 年 12 月 31 日 24 时之前，参加各生产队和村办企业劳动且有安置协议的老社员，有部分人员已去世，但考虑到他们曾为原始集体资产的累积做出过贡献，他们的劳动成果可由他们的子女来继承，但他们并不能因为继承股权而取得成员身份。无论是“305”人员还是“老社员子女”，东风村都根据当事人参加集体生产的工作年限，1 年 1 股进行配置。通过这种差异化股权设置办法，解决了特殊人群的股权分配难题，有效化解了长期存在的上访矛盾。

（三）探索多种经营模式，拓宽集体经济发展路径

鼓励经营性资产量大的“城中村”在以物业租赁为主的基础上积极探索多种经营模式，有效破解了“城中村”集体经济发展瓶颈。例如，黑咀子村通过自主经营、租赁经营、参股经营三种模式发展集体经济。一是开展自主经营。将瑞邦家具广场、卫星商城、卫星物业公司等集体资产，通过不同的方式开展经营，逐渐扩大经济效益。在项目设置上，瑞邦家具广场主要经营家具、建材、装饰装潢材料，年收入 1700 万元；卫星商城主要经营百姓日常生活用品、食品、生鲜，年收入 600 万元；卫星物业公司主要经营楼宇、小区，收取物业管理费用，年收入 120 万元。二是租赁经营。将卫星大厦整体出租给中东财富中心，签订为期 12 年的合同，租金收缴分为三个阶段，每阶段 4 年，第一阶段年租金 1000 万元，第二阶段年租金 1100 万元，第三阶段年租金 1500 万元，平均年收入 1200 万元。三是参股经营商业地产项目。黑咀子村出资 40%，吸收社会资本，利用本村集体建设用地，共同开发建设瑞邦晶融汇地产项目，约 11 万平方米，村集体占股 40%。该地产项目主要集居住、办公、购物等功能于一体，对外租赁，为村固定资产增值约 6000 万元，年收益增加约 1000 万元。

三、经验与启示

按照中央部署要求，2021年底前要完成集体经营性资产股份合作制改革，南关区的东风村、黑咀子村等村均已提前完成了阶段性任务。从南关区的改革经验看，在“城中村”集体产权制度改革中应始终坚持高位推动，以问题为导向，采取针对性措施，从矛盾源头出发，力争将群众异议化解在村内。南关区的这些做法和经验对于破解“城中村”产改共性难题具有借鉴意义。

（一）坚持政策引领与群众工作相结合化解矛盾

“城中村”集体产权制度工作，涉及问题复杂敏感，做好这项工作既要准确把握政策方向，又要尊重群众意愿，解决实际问题。为此，南关区推行区级领导“包村”机制，构建“一村一个专班一抓到底”的责任体系，选拔7名懂政策、知村情、敢担当、善作为的干部下派到问题最复杂、改革阻力最大的7个“城中村”担任村支部第一书记。实践证明，这些经验丰富的干部带领群众学习领会相关政策、梳理历史档案、分析现实矛盾，赢得了群众的信任和尊重，有效化解了“城中村”积累多年、错综复杂的利益纠纷，推动了集体产权制度改革有效进行。比如，东风村党支部第一书记原为南关区农业农村局副局长，长期从事农业经济管理工作，既熟悉相关政策，又了解村情民意，具有丰富的群众工作经验，在组织群众、化解矛盾等方面发挥了重要作用。

（二）坚持问题导向与重点突破相结合化解矛盾

从南关区的经验看，推进“城中村”集体产权制度改革仅靠出台一般性指导意见、提出原则性要求等面上工作是解决不了实际问题的，必须不回避矛盾、迎着困难上，从解决群众最关心的问题做起，敢于化解最棘手的矛盾。为妥善解决好各村十几年来积淀形成的错综复杂的历史遗留问题，摸清病因、找准病根、对症下药，南关区委、区政府组织调研组对7个村涉及宅基地指标分配、大型育苗中心土地承包权、绕城高速绿化带补偿、农村土地承包经营权纠纷、梁家沟集体土地补偿安置、永春一砖厂占用土地权属等长期得不到解决的6个老大难问题进行专题调研，仔细梳理这些难点问题的关键环节。在调研基础上，针对每个问题制定具体解决方案，对于改革文件办法要求中无据可循的，灵活结合本村历史档案材料、各阶段征拆迁安置补偿方案及落实情况等寻找可供依据的线索，如集体资产的范围、成员确认的依据等。通过这些工作，为推进农村集体产权制度改革扫除了障碍。

四、有关建议

（一）减免集体资产移交相关税负

从南关区“城中村”的集体资产运营情况看，土地征收所发放的土地补偿金、安置补偿金，除了用于解决历史遗留问题、村集体运行、村民安置补偿等费用外，其余的均在村民委员会名下。农村集体经济组织未建之前，可由村委会代为管理集体资产，集体经济组织成立后，应由集体经济组织承担集体资产运营管理职能。但实践中，由于集体资产划转到农村集体经济组织名下涉及高额的税费，使得该项工作的推进遇到巨大阻力。建议财政、税务等相关部门出台明确意见，由村委会将集体资产移交农村集体经济组织，应视为权属归位，不应缴纳土地增值税等税费，这样有利于深化农村集体产权制度改革，维护集体经济组织及其成员的合法权益。

（二）合理界定集体经济组织经营范围

“城中村”拥有大量的经营性资产，集体经济组织在开展经营活动过程中要么经营范围狭窄，过于保守；要么经营范围过宽，风险难以把控。前者会使得集体资产不能充分发挥其价值放大效应，集体资产增值空间受限；后者易受市场波动影响，导致集体资产存在流失的风险。建议在坚持集体所有制的前提下，合理界定集体经济组织的经营范围，保证在集体资产稳定获益的经营模式之上开拓创新出风险小、收益高的新型业务。可重点关注一些涉及国计民生、重点行业领域的政策性项目，这些项目在某种程度上可由当地政府、国有企业负责组织实施。

（三）强化农村集体经济组织人才建设

人才是经济发展的主导力量，特别是懂经济、会经营、善管理的高端人才比较缺乏。下一阶段，新型集体经济的发展更离不开专业人才的支撑，可以聘用具有丰富经验的从事农业农村工作的离退休干部人员来解决农村中的疑难问题，他们了解改革目的、明白政策需求、清楚农村情况，能够有效推动各项工作提质增效；也可以通过建立激励机制，吸引职业经理人、优秀的高校毕业生和科技人员到“城中村”集体经济组织从事经营管理工作。他们了解市场的需求和变化，具有较强的学习能力，对于推动农村集体经济组织经济发展能够起到事半功倍的效果。

激活农村产权金融功能的温江探索

何安华　郭　军　刁银生　马霖青

资金短缺是制约我国乡村产业兴旺的突出瓶颈，须继续深化农村金融改革，破解“三农”融资难题。近期，我们赴成都市温江区进行了专题调研，与当地农业农村、发改、财政、人民银行等部门座谈，考察了农村金融综合服务站，走访了乡村创业公司、农民合作社，与一些村干部座谈等。总体上，温江区以农村产权改革为基础，将农村产权价值实现与农村金融发展有机结合，通过打造金融服务闭环防控风险、搭建服务体系和建立机制促进多方合作、拓宽金融产品和服务等，激活了农村产权金融功能，成效十分明显，其做法经验具有一定的推广价值，但仍面临部分金融机构不愿参与、土地经营权抵押受限、创新探索推广不易等挑战，需在持续深化改革中探寻破解之法。

一、“融资难、融资贵”的症结所在

长期以来，农民因缺少被金融机构认可的有效抵押物而面临正规金融约束，存在“融资难、融资贵”问题。2015 年 8 月，国务院发布了《关于开展农村承包土地的经营权和农民住房财产权抵押贷款试点的指导意见》，同年底在全国选取了 232 个试点县（市、区）进行“两权”抵押贷款试点。经过数年实践，“两权”抵押贷款作为农村金融改革创新的重要内容，虽取得了一定成效，但“推进难”现象依然存在，农村金融仍面临供需有效匹配不足的局面。

从供给方看，农民缺少有效抵押物、土地经营权价值评估难和处置难等情况仍然存在，金融机构易产生“惜贷”，对“两权”抵押贷款特别是土地经营权抵押贷款的参与积极性不高。从需求方看，尽管有贷款贴息红利，但农民从金融机构融资仍面临贷款额度小、手续烦琐、大额贷款门槛高等问题，有的农民直言“杯水车薪”“远水不解近渴”。从服务环境看，农村信用体系建设和风险补偿分担机制等还不够健全，一些地方虽然引入了担保公司和抵押物处置联盟，但因担保费用及再评估和处置费用高，影响了金融机构和经营主体的参与热情。

二、主要创新做法

为破解“农民融资无抵押、机构放贷无保障”难题，温江区自2008年起率先在成都市探索以“还权赋能”为核心的农村产权制度改革，2015年成为全国农村承包土地经营权抵押贷款试点区县，此后在农村产权金融改革上大胆创新，形成了农村金融服务“1234”温江模式。

（一）打造一个闭环：全链条全要素的金融服务循环圈

为破解农村产权抵押融资信息渠道不畅通、产品价值认定不科学、金融机构放贷信心不足等问题，温江区创新“八步法”，探索“政府＋市场”运行机制，逐步实现农村金融服务由政府主导型向市场需求型转变。“八步法”具体内容如下：一是借款主体向金融机构发出贷款申请；二是农村产权交易所为借款主体办理土地经营权交易鉴证；三是农业农村、林业等主管部门为借款主体办理他项权证；四是借款主体、村委会成员、专家库成员、金融机构、处置企业依次对土地经营权及地上附着物进行价值认定；五是借款主体办理抵押登记；六是金融机构和处置企业签订抵押资产市场化处置“两方协议”，然后加入借款主体并签订“三方协议”，约定各方权责利；七是金融机构向农村产权交易所办理抵押资产备案；八是借款主体出现本金或利息逾期时，启动抵押资产处置程序，抵押资产处置资金按约定优先序使用。经过多部门协作、多主体参与，形成了“贷款申请—交易鉴证—权证办理—价值认定—抵押办理—贷款发放—资产备案—资产处置”的金融服务闭环体系，实现了农村产权“活化”和金融风险可控。

（二）搭建两大平台：产权交易平台和金融服务平台

乡村有大量资源资产，但处于利用不足或“沉睡”状态，亟须探索释放乡村资源资产潜能的有效方式。温江区在开展以“还权赋能”为核心、“确权颁证”为基础、“两股一改”为平台、产权流转为目的的农村产权制度改革基础上，建立起产权交易分中心、收储公司等多层次产权市场平台和“农贷通”农村金融综合服务平台，还成立了农村产权维护法律援助中心和城乡房屋租赁公共服务管理中心，形成“两平台三中心”格局，搭建区、镇（街）、村（社区）三级金融服务站，支撑两个平台无缝对接。一方面激活了农村产权财产属性，使农村产权抵押融资、资产变资本、资本变资金有了载体；另一方面打通了农村产权和金融要素相互对接的堵点，使农村金融服务延伸到“最后一公里”。2018 年，温江区推动农村金融服务市场化改革，引入了四川两湖绿谷现代农业服务有限公司，探索第三方市场化运营农村金融服务站，致力解决农村金融服务政策、产品、市场脱节问题。截至 2022 年 6 月，温江区已建成镇（街）农村金融综合服务中心 9 个，村级服务站 50 个，基本覆盖了所有农村人口。

（三）创新三大机制：价值评估、风险缓释和资产处置机制

除了基于“农贷通”平台的农村产权融资服务机制外，温江区还创新了三个机制。一是建立“五方价值认定”评估机制。在贷款的评估发放阶段，由金融机构、处置企业、借款主体、专家库成员和当地村委会推荐成员组成抵押资产价值认定小组，分别对借款主体的土地经营权及地上附着物进行价值认定，价值认定结果有效期为一年，期满后重新认定。二是建立“银政企担”市场化融资风险缓释机制。区政府投入 500 万元设立农村产权抵押融资风险基金，承担抵押资产处置后净损失的 80%，金融机构承担 20%，实现由传统的“债务收购—抵押物处置—净值分配”向“市场化处置—差额补偿”转变。同时，引入四川省农业担保公司构建“区内银行 + 政府 + 省农担公司”

（比例为 3 ：3 ：4）产业发展融资风险分担机制，财政投入风险补偿金 1500 万元，发挥“杠杆”效应放大金融资本 20 倍授信规模，形成 3 亿元融资贷款资金池。三是建立抵押资产市场化处置机制。引入处置企业和收储联盟全程参与抵押物的价值认定、资产监管和风险处置，从事前、事中、事后三个环节协助金融机构控制抵押资产风险。启动处置程序时，抵押资产通过农村产权交易服务中心进入市场，确保价值公允、程序规范、交易公开，可有效保障金融机构、借款主体和处置企业三方利益。截至 2022 年 6 月，温江区未出现过 1 起抵押资产处置纠纷，“市场化零处置”极大地提升了各类市场主体的诚信意识。

（四）聚焦四类权利：围绕农村产权开发金融产品

温江区针对农村承包土地经营权、集体经营性建设用地使用权、集体资产股权、农业生产设施所有权等四类农村产权，先后推出了“花木仓单”“花木贷”“应收账款”“土地经营权直接抵押贷款”“惠农 E 贷”“领头贷”等 10 余种特色信贷产品，率先在全省探索集体资产股权质押融资模式，创新了集体经济“强村贷”。例如：2021 年 6 月，寿安镇岷江村以集体资产股权提供反担保，获得农业银行温江支行“强村贷”200 万元；同年 7 月，四川禾晟德进出口贸易有限公司通过“土地经营权 + 农业生产设施所有权”抵押获得成都农商银行温江支行贷款 400 万元。开展“银行 + 整村”的农村金融综合服务，为幸福村、先锋村、天星村、天源村等综合授信“两权”抵押贷款 6000 万元，实现融资 4000 万元。截至 2022 年 6 月，全区累计投放农村产权抵押贷款 27.13 亿元，其中农村承包土地经营权抵押贷款 23.85 亿元（占 87.9%）、集体经营性建设用地使用权抵押贷款 3.17 亿元、集体资产股权抵押贷款 522 万元、农业生产设施所有权抵押贷款 400 万元，农村产权抵押贷款居全省前列。

三、面临的现实挑战

调研时，受访者反映农村产权金融改革仍面临一些现实挑战，应当引起关注。

（一）部分金融机构参与“两权”抵押贷款时，“只出管理办法，不出匹配产品”

2015年国务院出台“两权”抵押贷款试点指导意见，2016年3月，中国人民银行联合多部委印发了“两权”抵押贷款试点暂行办法，随后温江区多家金融机构相继出台了管理办法，但匹配相应的金融产品却不多。当前与温江区农村金融综合服务中心站合作的8家金融机构中，“两权”抵押贷款主要是成都银行和成都农商银行这两家地方法人金融机构在办理，中国农业银行近两年才匹配了“强村贷”和“种植贷”产品，其他合作银行并未匹配相应金融产品，参与积极性不高，依然呈等待观望之势。

（二）规模经营主体流转获得的农村土地经营权抵押仍然受限

中国人民银行等五部门联合印发的《农村承包土地的经营权抵押贷款试点暂行办法》第七条规定，“通过合法流转方式获得承包土地的经营权的农业经营主体申请贷款的”，应同时符合的条件包括“承包方同意承包土地的经营权可用于抵押及合法再流转”。实际上，规模经营主体并不容易满足这一条件，连片流转土地后，只要其中1户承包方不同意，规模经营主体就无法将流转获得的土地经营权用于抵押贷款。

（三）集体经营性建设用地使用权的“抵押融资”，因金融机构认知不足而导致抵押权难以实现

《土地管理法》第六十三条第三款规定，“通过出让等方式取得的集体经营性建设用地使用权可以转让、互换、出资、赠与或者抵押”，但与此相衔接的关于不动产登记的行政法规、地方性法规、操作政策等尚未出台，大多数金融机构认为不好操作。目前，仅有成都农商银行在办理为数不多的集体经营性建设用地使用权抵押融资业务。另一种情况是，土地和房屋的所有权分属不同主体，金融机构不予认定为有效抵押物。例如岷江村以集体经营性建设用地作价入股村企合作项目，企业出资兴建共享农庄和游客接待中心，但

当企业以该项目的土地房产去申请抵押贷款时却不能获批。

（四）农村集体资产股权质押融资不易被集体组织成员所理解，群众心存顾虑致使创新探索推广不易

“强村贷”虽是温江区农村产权抵押融资的又一次创新探索，但从岷江村实践看，该村以村集体股份经济合作社名义获得200万元集体资产股权贷款，前提条件是需要经过集体经济组织成员5000多人全部签字同意，单是成员签字程序就要花3~5个月时间。部分集体组织成员担心，村集体的产业项目经营不善而导致个人背负债务，因而不同意村里申请“强村贷”。对一些村干部威信不够强的村而言，征得全体成员授权同意的要求是十分困难和苛刻的。从这个角度看，岷江村获得“强村贷”的经验可复制性就会打折扣。

四、有关建议

（一）多措并举激励金融机构提供更多农村产权金融服务

加快推进“信用户”“信用村”“信用乡（镇）”建设评定，强化农村信用体系建设，为金融机构开展农村产权金融服务营造良好的信用环境。依托区域性农村产权交易平台，建立健全农村产权交易信息共享机制，将农村产权交易市场和农村金融服务市场相对接，降低金融机构信息搜寻成本。对提供农村产权金融服务较为积极、新增贷款较多、风险控制较好的金融机构，给予财政和税收激励。将农村产权金融服务纳入金融机构绩效考核范围，增加考核权重，推动农村金融回归本源。

（二）适当调整有关法律法规对土地经营权抵押的限制性规定

土地经营权流转应同时保障流出户和流入户的合法权益，承包地“三权分置”后，如能明确土地经营权抵押期限仅为已支付流转费的期限，则不会影响村集体的所有权和农户的承包权。实践中，不少地方都要求规模经营主体在种植期开始之前就向农户支付土地流转费，个别地方还要求规模经营主

体向专门账户多预交1年流转费作为保证金，以延长土地经营权再流转的期限，保障承包户利益。对此，在承包户利益得到保障的情形下，建议回避土地经营权抵押须经承包户同意的提法，提倡在已支付流转费期限内经营主体同步获得土地经营权及其抵押权。

（三）进一步完善农村集体经营性建设用地抵押融资权能

建议明确经依法取得的农村集体经营性建设用地使用权和地上建筑物所有权，可以设置抵押权、担保权、质押权等他项权，丰富并赋予其更多、更灵活的权能，既让金融资本为乡村振兴注入更多活力，也更有利于孵化扶持中小型企业和乡村文旅创业企业等。

（四）稳慎探索激活农村集体资产的金融价值

涉及农村集体产权的改革要坚守两条底线，既不能把集体经济改弱了、改小了、改垮了，也不能把农民的财产权利改虚了、改少了、改没了。围绕如何增加农村集体资产股权质押成功交易的可能性，建议从国家层面完善法律法规，做好相关法律法规的有效衔接，加强政策指导和试点经验总结，以便更好适应新形势下农村集体经济发展及融资需要。

农村集体资产管理篇

关于加强集体资产监管的实践与思考

冯丹萌　郑庆宇　谭智心

集体资产的管护是关系到农村集体产权制度改革成效、农村集体经济健康发展的关键基础，近年来，为进一步巩固提升集体产权制度改革发展成果，做好改革“后半篇”文章，各地不断加强完善新型集体经济运营、管理、监督机制，集体资产管理逐步走上规范化的轨道。

一、集体资产的现状及特点

从 2017 年开始，中央农办、农业农村部组织开展了全国农村集体资产清产核资工作，涉及全国拥有农村集体资产的 5695 个乡镇 60.2 万个村 238.5 万个组，通过清产核资基本摸清了我国农村集体资产的现状。总体来看，我国集体资产呈现数量大、种类多、分布不均、开发程度低等特点。

（一）规模巨大，种类繁多

总体来看，我国农村集体资产数量庞大，据统计，全国共有集体土地总面积 65.5 亿亩，账面资产 6.5 万亿元。同时，由于农村的特有属性，集体资产种类较多，除了村组集体所有的货币资金外，还有村组集体投资兴建的房屋、建筑物、机器、设备等固定资产，水利、交通、文化、教育等基础公益设施以及农业资产、材料物资、债权等其他资产，以及属于集体所有的土地、林地、山岭等资源性资产。据统计，我国农村经营性资产为 3.1 万亿元，占 47.4%；非经营性资产为 3.4 万亿元，占 52.6%。集体所属全资企业超过 1.1 万家，资产总额为 1.1 万亿元；固定资产为 3.1 万亿元。

（二）分布不均，集体资产差距大

我国地区间发展程度各异，加上历史等原因，农村集体资产在地域分布上较不均衡。据清产核资数据统计，东部地区农村所有的集体资产占总集体资产的比重超过 64.7%，中部地区与西部地区资产大体相当，分别占比 17.7%、17.6%。超过 3/4 的资产集中在 14% 的村；从资产经营收益看，有 10.4% 的村收益超过 50 万元，主要集中在城中村、城郊村和资源充沛的村庄，农村集体资产呈现高度集聚现象。

（三）集体经济发展实力不断增强

通过清产核资，很多地区将近年来财政项目投入集体经济组织形成的固定资产纳入账内管理，清理了一批有失公允的经济合同，核销了一批债权债务，盘活了一批闲置资产，为集体经济发展注入了资本力量。据统计，2021 年全国村级集体经济组织总收入 6685 亿元，村级公益设施和公共服务投入 1085.6 亿元，向成员分红 814 亿元，比 2016 年增加 43.4%。

但同时也要注意到，农村集体资产规模的不断扩大、农村集体经济的快速发展也对后续的资产监管提出更高要求，村集体资产被非法侵占、挪用，造成集体资源流失等风险越来越高。因此，要在深化农村产权制度改革中，进一步完善集体资产管理机制，实现农村集体资产的有效管理，提升农村集体资产的管理效益。

二、各地加强农村集体资产管理的实践做法

近年来，为进一步推动集体经济走稳走实，各地全面加强农村集体资产管理，重点从集体财务管理、智慧监管平台建设、村干部任期和离任经济责任审计等方面积极开展监管工作，集体资产管理更趋规范。

（一）开展离任经济责任专项审计，完善监督约束机制

开展村干部任期和离任经济责任审计是农村基层干部监督管理工作的一个

重要环节，也是规范农村集体资产监管的必要举措。为强化村级财务管理，全国各地制定了离任经济责任专项审计制度。陕西省于2020年发布《关于开展农村集体经济审计工作的通知》，要求对所有农村集体经济组织，特别是农村集体产权制度改革后成立的村组（股份）经济合作社的财务，每年进行一次年度审计，同时对2018年村“两委”班子换届以来村干部和涉农社区基层组织主要负责人离任进行责任审计，实现农村集体经济组织财务审计、农村干部离任审计全覆盖。重庆市于2020年9月开始开展村干部任期和离任经济责任专项审计工作，先后对10023个村的58343名村（社区）干部（含审计时期内办理调任、转任、免职、辞职等）开展专项审计，实现现任村（社区）干部审计全覆盖。

（二）利用信息化手段，搭建资产监管智慧平台

随着现代信息技术的不断更新，多地在村集体资产管理工作中巧用数字化平台，加快推进农村集体资产管理信息化建设，大大提升监管效率和覆盖面。一是探索“互联网+”监督平台。江苏省昆山市通过搭建统一的农村集体“三资”智慧管理平台，着力打造“一网通用、一网通办、一网通管”的市、镇、村三级联动的网络管理模式；福建省厦门市与农业银行合作建立农村集体资产管理平台，探索股权名册、股权证、分红管理、股权质押的信息化管理，实现农村集体“三资”管理、监督、公开和数据统计分析等功能。二是建立小微权力大数据监管平台。重庆市将“三资”情况作为固定监督内容，聚焦群众关心的村社高频事项和小微权力腐败易发多发环节，对村级工程、资产资源、劳务用工等环节通过大数据监督平台，每月线上线下公示，实时跟进，推动村集体资产监管运行公开化、程序化。三是建立“大数据+”预警系统。湖北武汉洪山区通过打造集体资产管理、财务实时监管、集体资产交易、出国（境）证照管理等4个网络平台和1个手机信息公开平台联动管控，对财务、资产、交易、重点人员信息等进行实时监管，筑起“三资”监管防火墙。

（三）开展提级监督试点，排除潜在风险

为进一步提升农村集体资产管理的精准度，破解基层监督力量薄弱、熟人

社会监督难等问题，全国各地积极探索提级监督试点。重庆市明确重点内容和监督方式，分动员部署、推进实施、总结评估三个阶段，在全市选取52个“三资”规模较大、项目资金密集、资源富集、信访问题突出的村（社区）开展提级监督试点。河南多地通过搭建提级监督+智慧纪检平台，针对监督检查中发现的债权债务不清等问题，充分利用大数据和云计算技术，建立责任清单、问题清单、整改清单、处理清单，构成闭环监督模式。山东省泰安市等地将集体经济体量大、工程项目多、廉政风险高的村（社区）纳入提级监督范围，逐项建立工作台账、明确具体事项、责任单位和完成时限。通过定期调度、定期总结、定期分析研判，提级办理问题线索，有效夯实了集体资产监管成果。

（四）发挥民主监督作用，强化监督“软”实力

重庆市在村集体资产管理中，充分发挥民主监督力量，让村民自治更有生命力。一是通过“党务、村（居）务、财务、服务”四务公开，村集体每月按时公布村级重大事项，发动群众参与监督。铜梁区推行“码上监督”，将村级“三重一大”、“三资”管理等信息制成二维码，实行一村一码、一单位一码的运作模式，让群众监督“触手可及”，真正做到明公示、知家底，筑牢民主监督“防火墙”。二是通过成立村务监督委员会、集体经济组织监事会，提高对重大村务决策全过程监督效率。决策前参与意见征求，广泛了解社情民意；决策中列席涉及村民利益重大事项的村会议，对决策程序是否规范进行监督；决策后及时监督决策的执行过程及公示情况，促进集体决策民主公开、阳光透明。

（五）制作负面清单，规范基层干部行为

为进一步加强对“一肩挑”后村党支部书记的管理，重庆市多地在对近年来查处的村组干部违纪违规案件进行总结分析的基础上，结合巡察监督和日常工作中收集到的群众举报线索，系统梳理了村组干部违纪违规行为涉及的重点领域、关键环节和具体表现形式，制定基层干部履职行为负面清单，该清单的“立规”对象主要为村（社区）党组织领导班子成员、村（居）民委员会成员、村（居）民小组负责人等，从村务管理、议事决策、社会秩序

管理、组织管理、服务群众、廉洁自律等八个方面，逐条列出多项“负面清单”。山东省多地制定了《村权规范运行指导手册》，明确“正面＋负面”清单，列出廉政风险提示点，在村集体资产管理方面，明确指出打白条、集体收入不入账等违反村级财务管理制度的行为，靶向破解村集体“三资”管理不规范、监督不到位等问题，为村集体资产的规范运行提供依据。

三、现阶段农村集体资产监管存在的核心问题

从现阶段来看，各地对农村集体经济组织的职能定位、运行程序不清楚，导致在集体资产监管中，仍面临谁来管、管什么、如何管等核心问题。

（一）谁来管？——村干部与集体经济组织负责人的职能混淆

在调研中，群众和有些村干部反映，“不清楚党支部书记、村委会主任和集体经济组织理事长都该具体做什么，哪些是村干部该做的，哪些是集体经济组织理事长该做的”。村干部错误地认为其与集体经济组织理事长职能同一，村委会的资金与集体经济组织的资金是“一回事儿”。从一些地方反映的问题看，正是由于三者职能模糊，才导致村干部利用了“一肩三挑”的便利条件，将本应由农村集体经济组织成员共同商定的事情，变成了由村干部少数人决议，出现村干部越权决策农村集体经济组织事务的情况。

（二）管什么？——集体资产经营管理有待完善

目前，由于历史等原因，部分村对集体资产监管的范围和界限仍不够清楚，存在行政村、村民小组和企业之间土地权属不清等问题；还有些村集体资产因历史程序不规范导致缺少承包合同或未标明资产权属，造成产权不清。加上村级管理人员流动造成的会计账簿缺失、登记不全、工作交接不规范等问题，导致集体资产存在流失风险。此外，虽然各地都已经建立了集体资产管理平台，但是在运行中，有些地方仍然沿用村干部集中处理的传统方式，成员很难参与到村集体资产监管中，存在少数人侵占多数人利益的风险。

（三）怎么管？——村集体资产监督机制不完善

一方面，村集体资产监督机制未充分发挥作用。2021 年，全国农村集体产权制度改革阶段性任务已完成，超过 85% 的村已经建立农村集体经济组织，“三会”（成员代表大会、理事会、监事会）制度也相应建立。但调研发现，大多数村集体经济组织“三会”均存在“建而未用”现象，在决议、管理、监督集体资产方面，“三会”没有充分发挥作用，导致作为集体资产实际所有权主体的集体经济组织成员成了“局外人”，不能在集体资产管理使用过程中进行有效监督。

另一方面，村财镇管的外部监管机制亟待改进与加强。调研了解到，虽然村财镇管模式一定程度解决了村集体经济组织财务人才缺失、管理能力弱等问题，但也暴露出一些问题。据地方反映，以前村财乡镇代理主要是针对村委会的公共财政资金，资金量不大相对可行，但随着村集体资产规模增大，乡镇人力物力有限，依靠代账公司对各村集体资产进行监管，常常出现代账公司不熟悉村集体实际情况，造成监管效果不明显等问题。一是会计监督职能难以有效发挥。《中华人民共和国会计法》明确规定，会计人员要对本单位不真实、不合法、不准确、不完整的原始凭证，账簿记录与实物、款项不符的情况，以及违法收支等实行会计监督。然而代理会计集中在镇上、县上办公，客观上造成会计与村集体经济活动分离，出现只顾埋头记账，不知村集体实际经济活动的情况。二是会计记账不及时。由于代理记账将村级账务全部集中到镇街财政办理，工作量大，代理记账人员紧缺，导致无法及时记账，通常村级账务有 1~2 个月的延迟入账情况。三是审查流于形式。现行的“村财镇管”制度，农村财务代理会计多注重形式审查，难以走访村、社开展实地核查，导致乡镇农财管理机构难以有效地对农村集体经济组织的财务履行监督职能，客观上给个别村干部侵占、挪用甚至贪污集体财产提供了可乘之机。

四、加强集体资产监管的几点思考

为保证集体资产监管有效，应明确监管主体及其职能职责；为加强集体资产全面保护，应明确集体资产的使用范围，统筹推进内部和外部监管；为规范村集体高效运转、激发其内生发展动力，应建立相应奖惩激励机制，引导村干部担负其责、创新作为。

（一）明确集体经济组织职能，避免其与其他基层组织间的关系重合

在农村，除了集体经济组织，党支部和村民委员会也是非常重要的两类基层组织。这三类组织性质不同、职能不同，组织架构和人员构成也不同。“一肩三挑”背景下，集体资产的使用决策极易受党支部和村民委员会决策机制的影响。在集体资产使用时，其决策机构应明确为成员（代表）大会。组织的运转应与组织职能对应起来，在发展集体经济过程中，应发挥基层党组织引领指导功能，贯彻党的意志；发挥村民委员会社会管理职能，开展公共服务和公益事业建设；发挥村集体经济组织经济职能，经营管理集体资产，增加集体收入。应以《中华人民共和国村民委员会组织法》修订、《中华人民共和国农村集体经济组织法》立法为契机，将自治组织与经济组织职能以法律的形式予以明确，避免实践中由于身份错位而引发风险。

（二）限定集体资产使用范围并建立风险防范机制，确保集体资产安全可控

一方面，在利用村集体资产开展经营活动过程中，不应直接将集体资产投入风险较高的项目中，可通过将集体资源资产一定期限的使用权作价入股或将集体经营性收益再投入的方式，与外部资本合作设立经营实体，对外开展市场经营活动，以此消除集体资产流失风险。另一方面，可健全协同高效的集体资产风险防范机制。外部监督既可发挥乡镇政府的行政监督职能，也可以引入第三方机构进行风险评估，特别是当村干部同时是集体经济项目负责人或村集体投资设立的公司的法人代表时，应严防低价发包、“内部人控制”等情形发生。

（三）充分运用改革成果，健全村集体资产内部监督管理程序

一方面，针对村集体经济组织“三会”制度“建而未用”的情况，要引

导各地充分运用农村集体产权制度改革成果，把建起来的“三会”用起来。通过村集体经济组织法人治理机制，按照民主议事决策程序，让成员参与到村集体资产使用的监督管理过程中，发挥好村集体资产内部监督机制。另一方面，强化基层党组织核心领导作用，夯实党在农村的执政基础，明确村集体资产的使用决策应按照“理事会研究提出→党支部开会讨论→提交村集体经济组织成员（代表）大会审议通过→监事会监督集体资产使用规范”程序，将基层党组织的主张有效融入集体资产使用过程中。

（四）完善第三方分类巡查制度和集体资产监管平台功能，强化外部监督和民主监督

由于村集体资产规模大小不一，资产监管难度也各不相同，建议根据村集体资产实际情况制定代账公司分类巡查制度。对于村集体资产较大的村建议代账公司实行月度实地巡查，对于村集体资产中等的村可以实行季度巡查，对于村集体资产较小的村可以实行半年巡查，充分发挥村集体经济“代账制”的监督作用，提升代账公司对村集体资产的监督效力。此外，加强农村集体资产监管平台建设，定期将村内各项财务信息和档案资料上传到平台，重点包括村民关心的村级工程、集体经济项目等。实现村民只要登录进入平台或扫描平台二维码就能实时知晓村级党务每个决议、查看村级事务每个环节、浏览村级财务每张发票，为实现外出务工村民的知情权、参与权、监督权创造条件。

（五）探索建立集体经济发展与村干部待遇相挂钩机制，以高薪打消贪腐念头并激发干事热情

目前，村集体经济组织管理人员的工资待遇普遍较低，且大多属脱产工作，投入村集体发展的时间成本高，自身经济收入受到较大影响，这也是集体资产易被盯上的主要诱因。因此，可探索村集体发展与村干部待遇相挂钩的激励机制，村集体经济收益新增部分按照一定比例给予奖励；同时，在发展村集体经济相关产业时，应强化宣传教育引导，鼓励村干部带头参与发展，这样既能带动村集体和成员发展，也可促进村干部自身创收。

农村集体资产财务管理的江苏经验

倪坤晓　何安华　高　鸣

财务管理是管好、用好农村集体资产的重要一环，也是保障农村集体经济组织成员权益、维持农村经济社会稳定发展的重要手段。江苏省积极探索集体资产财务管理的做法，先行先试，积累了丰富经验，走在全国前列。

一、江苏省农村集体资产财务管理的基本情况

江苏省扎实推进农村集体资产财务管理的制度化、规范化和信息化。在制度建设上，江苏省先后出台《全省农村集体“三资”管理专项治理方案》《江苏省农村集体资产管理条例》和《关于推广泰州经验加强农村集体“三资”管理工作的意见》等制度文件。在具体实施上，江苏省通过开展农村集体“三资”管理“阳光行动”、实施村级资金管理非现金结算制度、村级财务管理会计核算第三方代理试点等，不断提升全省农村集体“三资”管理的制度化、规范化和信息化水平。在此基础上，江苏省坚持“以信息化带动制度化和规范化”，通过“三资”管理平台，利用互联网的信息化手段实现财务管理的公开化、透明化、实时化、可视化，进而带动财务管理的制度化和规范化。截至 2019 年 12 月底，江苏省 88.6% 的村开展了“阳光行动”，村级资金管理非现金结算实现 100% 覆盖，70% 的乡镇（街道）开展了村级财务管理会计核算“第三方代理”试点。13 个设区市均已完成“三资”管理平台建设，实现市级全覆盖。

二、农村集体资产财务管理的做法和成效

江苏省在农村集体资产财务管理上取得较好成效，有一些经验做法值得参考，主要表现在以下五个方面。

（一）完善财务管理制度，提升规范化水平

江苏省构建新制度框架，提升集体资产财务管理的规范化水平。2017 年 3 月，江苏省农委印发《全省农村集体“三资”管理专项治理方案》，明确开展农村集体“三资”管理“阳光行动”试点、实施村级资金管理非现金结算、开展第三方代理村级财务试点等八个方面行动。2018 年 5 月，江苏省人民代表大会常务委员会通过《江苏省农村集体资产管理条例》，要求农村集体经济组织应执行财务会计制度；建立健全财务预决算、开支审批、收益分配等各项财务制度等。2019 年 8 月，江苏省经管站制定《在“不忘初心、牢记使命”主题教育中集中开展农村集体“三资”监管专项整治实施方案》，专项整治农村村务卡实施、村级财务管理会计核算改革试点、农村集体“三资”监管平台等问题。基于此，江苏省各地积极建立健全财务制度，不断推进农村集体资产财务管理规范化，主要表现在三个方面：一是完善会计科目设置。按照财政部《村集体经济组织会计制度》规定，规范会计科目；根据实际情况细化明细科目，做到合法合规、准确地反映村级各项经济业务。二是建立财务预决算制度。指导村级财务科学编制预算方案和决算报告，强化对预算执行情况的监督和预算调整的合法性审计，发挥预决算在规范资金收支行为、加强财务监管中的作用。三是建立收支管理制度。将村级收支纳入统一管理，收入及时按规定入账，支出严格履行相关程序，做到所有收支有据可循。

（二）开展“阳光行动”，落实财务公开制度

2016 年上半年，江苏省在 13 个设区市各选择一个行政村开展农村集

体“三资”管理“阳光行动”第一批试点。2017 年 1 月，江苏省农委发布了《关于全面开展农村集体“三资”管理“阳光行动”试点的通知》，在全省每个县（市、区）开展试点。“阳光行动”包括公开推送、公开交易和公开操作三方面内容。公开推送指村集体经济组织利用微信公众号、手机 APP 等平台，向村内每个农户家庭的一个手机号及时推送村集体财务、“三资”、惠农补贴、应缴费用及其他重要事项，让农户通过互联网可随时随地获知村里“家底”。公开交易指村内资产资源的流转交易，必须全部进入农村产权流转交易市场，以市场方式运作，杜绝场外交易。公开操作指以农村集体“三资”监管信息平台为基础，以县、乡、村三级互联互通为纽带，做到“三资”管理和监督公开化，并实现上级和监管部门查询与风险预警，以及公众信息知情。“阳光行动”试点是利用“互联网 +”手段促进“三资”管理规范化的创新手段。截至 2019 年 12 月底，江苏省开展“阳光行动”的试点村达到 15661 个，占比 88.6%。各市因地制宜，积极探索形式多样的农村集体“三资”管理公开方式，利用信息化手段，扩大农户覆盖面，优化推送内容，保障集体经济组织成员知情权、参与决策权和民主监督权。如无锡市和常州市在前期试点基础上进行模式创新和功能拓展，利用有线电视与手机 APP、微信公众号等平台同步推进，打造村级综合应用信息公开频道，实现“户户通”；扬州市大力推广“E 阳光”手机 APP，实现其与“三资”监管信息平台融合。

（三）实施非现金结算，保证资金使用安全

江苏省开展的农村集体“三资”管理专项治理工作任务之一是实施村级资金管理非现金结算。根据文件要求，各县（市、区）要选择 1~2 个行政村开展“村务卡”试点，即由村集体经济组织在当地金融机构办理借记卡，将村集体备用金打入“村务卡”；试点村村务活动开支除少量必须现金交易外，资金往来结算须全部通过银行转账或“村务卡”进行。2017 年 7 月，江苏省农委发布《关于开展村务卡试点工作的通知》，进一步明确“村务卡”试点范围、“村务卡”形式和使用范围、时间安排和工作保障。通知规定“村务卡”为在职村干部持有，在银行以村集体或村干部个人名义办理银行卡，主

要用于村集体不便于转账结算的日常村务支出及其他财务报销业务，不得用于村干部个人消费。该制度能让村内每笔资金流动都留下痕迹，实现“非现金化”，健全村级收支预算管理、开支审批报账等制度，明确审核、报销、借贷、支付等资金管理关键环节的具体要求和规定，进一步强化资金管理全流程监控，提高资金管理使用的安全性和透明度。截至 2019 年 12 月底，江苏省村务卡覆盖率 100%，共发放“村务卡”23905 张，其中，“借记卡”11103 张，“贷记卡”12802 张。开展村务卡试点以来，江苏省各市进行了探索，村务卡使用管理逐步规范：苏州市 66 个镇、903 个村在规范使用“村务卡”基础上，全面使用“农村集体资金监管平台”，实现“在线审核、分级审批、实时高效、全程监督”的新型资金监管方式；溧阳市出台《关于规范村级集体费用开支的指导意见》，规范“村务卡”、村干部报酬、误（务）工费用等 11 项村级费用支出；常州市通过“村银通”和“村务卡”进行一收一支两条线管控，最大限度减少现金支付结算，形成“一卡通”常州模式；常熟市将原个人“公务卡”调整为单位“公务卡”，与微信、支付宝绑定，既实现全程留痕又解决偏远农村无法刷卡支付的难题；苏州市吴江区通过农村集体资金监管平台与银行联动，实现资金实时收支、收支审批全程监管和凭证票据扫描存档。

（四）推行第三方代理，创新会计核算模式

2018 年 7 月，《关于推广泰州经验加强农村集体“三资”管理工作的意见》印发，要求江苏省各地学习泰州经验，每个县（市、区）结合实际，至少选择 1 个乡（镇），整建制开展村级财务管理会计核算第三方代理试点，优化村级财务会计核算模式，强化第三方机构对村级财务的服务和监督，提升会计核算专业化水平。意见指出村集体经济实力较强、经济业务量大的地区，可推行会计核算“会计师事务所代理”模式，由村（居）与会计师事务所签订委托协议，依法代理全部村集体账目，负责所有报账、记账、复核等具体工作；村集体经济实力一般、经济业务量不多的地区，可推行“会计委托代理服务中心”模式，以乡（镇）为单位组建独立的会计代理服务中心，

从社会招聘具有一定资质的人员担任委派会计，实行统一管理，交叉轮岗，委派会计参与日常经济活动及经费运作全过程。试点工作顺利推进，各市成效显著。截至2019年12月底，江苏省开展试点的镇（街道）达到852个，占全省70%，其中，开展"会计师事务所代理"试点的有172个，开展"会计委托代理服务中心"试点的有680个。常州、苏州、连云港、淮安、扬州、泰州6市均实现村级财务第三方代理市级全覆盖；淮安市7个涉农县区86个镇街1484个村居中有67个镇街1158个村居聘请了第三方代理记账、19个镇街326个村居成立乡镇会计核算中心记账；南京市"会计委托代理服务中心"试点推广到46个镇街565个村社，覆盖率82%。

（五）建设"三资"平台，提升信息化水平

江苏省大力推进农村集体"三资"监管信息平台建设，要求各地进一步完善记账、管理、预警、监督等功能模块。目前，13个设区市平台已全部建成，县级平台基本实现全覆盖。江苏省"三资"监管平台主要包括综合业务管理，市、县、镇、村四级联网信息公开发布，信息综合分析统计和信息统一监管四大功能。南京市全面建成"市区一体、实时动态"的"三资"监管综合平台，并在全市59个镇街691个涉农村（社区）全面推广运用，建有"4+4+1"九大工作模块，包括四大平台、四个关联模块和一个移动终端，实现管理平台和公开平台互联互通。其中四大平台依次为工作平台、监管平台、公开平台和大数据分析平台，分别服务于会计人员、监督人员、集体经济组织成员、各级管理人员等四大人群，实现资产财务管理、资产财务监督、资产财务公开和提供决策依据四大功能；四个关联模块为清产核资、承包地确权、产权交易和阳光扶贫；一个移动终端为"三资"管理"E阳光"手机APP。泰州市依托"三资"监管平台，建立阳光村务公开平台，做到线上线下双公开，实现"村务卡"和"三资"平台关联，增强村级小微权力监督的实效性。目前，江苏省正着手研发省级数据开放平台，在各市自主开发基础上，充分利用现代信息技术，实行全省农村集体资产财务省、市、县、乡、村五级数据汇交，进一步提升农村集体"三资"管理信息化水平。

三、农村集体资产财务管理中存在的问题

江苏省在工作推进中仍存在一些困难和问题。

（一）财务管理的工作举措推进不平衡

江苏省集体资产财务管理工作存在实施进度推进不平衡的情况，具体表现为："阳光行动"试点、村级资金非现金结算工作进展相对较快，而村级财务第三方代理、财务审计监督等工作进展相对缓慢。这与各项工作举措的任务量、工作部署和人员安排等密不可分，客观上则是因为工作紧、任务重，工作落实中存在一定时间差；且一些工作推进难度相对较大，影响了工作进度。

（二）基层财务管理的人才队伍不健全

农村集体资产管理的专业性强，涉及面广，对资产管理相关人员的业务水平要求较高，而当前农经部门存在机构不健全、队伍不稳定、力量不匹配等问题。调研发现，一些乡镇的农经部门存在在岗人员少、人员老化等问题；而村（社区）中原有的会计人员存在专业水平较低的问题，且缺少相应的激励政策和办法，很难将年轻专业财务人员吸引到基层工作中。财务管理人才的欠缺与当前承担面广、量大的农村集体"三资"管理任务不适应，亟须改进。

（三）基层财务管理的制度落实不到位

江苏省通过开展农村集体"三资"管理专项治理工作，对"三资"管理中尤其是集体资产的财务管理中出现的问题进行了整改，但部分地区存在制度落实不到位的问题。如有的地区虽建立村级预算管理、收入管理、开支审批、票据管理等财务管理制度，但村内经济活动未严格按照相关制度进行，尤其是村内的用工问题尚存在财务管理漏洞，尚未建立有效的制度予以规范和监督。

四、进一步提升财务管理水平的政策建议

针对上述问题，本报告提出三点政策建议，以期为进一步提升集体资产的财务管理水平提供参考。

（一）强化责任落实，平稳推进工作

针对工作举措推进不平衡的问题，在尊重客观规律的基础上，要进一步提升各级部门的工作紧迫感和自觉性，扎实推进各项工作稳步开展。一方面要建立工作机制，明确工作任务、时间表和各级责任制，增强制度执行的严肃性，以制度倒逼工作；另一方面要及时解决工作中出现的问题，查漏补缺，扫清工作障碍。

（二）积极引进人才，加强队伍建设

在政策允许的范围内，通过各种形式吸纳财务管理方面的优秀专业人才，不断壮大财务管理的人才队伍。一方面根据需求制定地方性的财务管理人才引进计划，通过提高待遇、加大激励奖励等方式吸引人才；另一方面要完善人才的发展制度，将人才安排在合适的岗位上，使其充分发挥专业所长，打通晋升空间，留住人才。

（三）加大审计监督，严格落实制度

针对制度落实不到位的问题，要以制度化的手段推进制度的落实。首先，要完善和强化审计监督制度，利用县级抽审、镇级互审、委托第三方审计等形式，对农村集体资产的财务管理工作开展定期审计和专项审计，及时发现政策执行中存在的问题，并予以妥善解决。其次，可研究出台农村财务管理岗位的责任追究实施细则，强化责任落实，完善岗位的责任清单和问责办法，明确农村集体资产财务管理中的主要人员责任。

农村集体资产财务管理的南京经验

倪坤晓　何安华　高　鸣

农村集体资产是激活农村发展潜力、促进农村集体经济发展、实现乡村全面振兴的重要基础。江苏省农村集体资产财务管理取得较好成效，在全国表现突出，而南京市农村集体资产财务管理则居于江苏省前列。2014 年，南京市被农业部等 13 个国家部委联合批复为“深化全市农村集体产权股份合作制改革试点”的国家第二批农村改革试验区。截至 2019 年 12 月底，南京市有 687 个村（社区）完成农村集体产权制度改革，完成率为 99.4%。通过集体产权制度改革，南京市摸清农村集体资产家底：全市 59 个涉农镇街 691 个村（社区）12039 个村民小组，累计清核集体资源性资产 671.6 万亩，核实资产总额 291.1 亿元，其中经营性资产 83.8 亿元，非经营性资产 207.3 亿元。在明晰集体资产基础上，如何管理好这些集体资产，确保集体资产安全性，保证资产运行的规范化、公开化和透明化是发展集体经济的重要前提。

一、农村集体资产财务管理的做法和成效

（一）以制度化提升财务管理规范化

南京市先后出台各类意见、方案和通知来规范农村集体资产的财务管理。2012 年 3 月，南京市委农工委出台《关于贯彻落实农业部、监察部〈关于印发《农村集体经济组织财务公开规定》的通知〉的意见》，提出要进一步规范集体经济组织财务公开，保证公开及时有效，提高公开质量。2014 年南京市委、农工委分别发布《关于规范农村集体经济组织财务票据使用的通知》和《关于规范管理农村集体经济组织财务票据的补充通知》，明确财务票据的填

写、使用、监督和检查制度，强化财务和资金管理。2017 年，南京市农委发布《关于印发〈南京市农村集体“三资”管理专项治理实施方案〉的通知》，该文件规定要探索优化村级财务管理的模式、加大村级财务的审计监督力度、执行民主理财和财务公开制度、建立农村财务管理岗位责任追究制度、开展农村集体“三资”管理“阳光行动”试点和村级资金管理的非现金结算试点。此后，南京市农委于 2018 年先后印发《关于全面开展农村集体“三资”管理“E 阳光”手机 APP 信息公开平台建设的通知》《关于开展农村集体财务审计试点工作的通知》和《关于全面推进农村集体财务“村务卡”使用工作的通知》，具体部署各项工作，进一步提升农村集体资产财务管理规范化程度。

（二）以“E 阳光”促进财务信息公开化

2017 年，南京市在全市选择 6 个村居开展农村“三资”管理“E 阳光”手机 APP 信息公开试点，该工作成效显著，受到民众欢迎。2018 年 3 月开始，该项工作从试点转向全面推广。按照全省统一要求，“南京市农村三资管理 E 阳光信息公开平台”包括村务发布、村情动态、村民互动、集体资产、集体财务、产权交易、我家承包地、我家股份、我家账户 9 个板块。该平台有两大显著特点：一是四级后台独立操作，同时设置市、区、镇和村四级后台，各级部门可各自独立地实时发布有关政策和三农数据；二是纵横一体化运营，平台在纵向上可实现市、区、镇、村四级一体，横向上可实现与“三资”监管综合平台的互联互通、移动推送和信息共享。截至 2019 年 12 月底，南京市“E 阳光”录入 691 个村（社区）、69 万农户基础数据，80% 以上农户下载使用该软件，登录人次近 170 万。目前，“E 阳光”手机 APP 在村级信息公开上成效显著，突出表现在三个方面：①是发布村情动态、组织村民互动新载体；②是公开集体资产、财务和产权交易新平台；③是村民随时随地了解股份及收益分配，行使知情权、决策参与权和民主监督权的新渠道。以浦口区为例，该区自 2018 年 4 月推广“E 阳光”手机 APP 以来，主动为村民推送集体“三资”情况、财务公开信息和村情村务等重要信息，截至 2019 年 12 月底，已有 56751 户村民注册使用该平台。可见，南京市通过信息化手段，实现了农村集体资产财务管理的透明化和公开化。

（三）以“村务卡”推动结算的非现金化

2017年7月，江苏省农委发布《关于开展村务卡试点工作的通知》，要求试点村实施村级资金管理的非现金结算。南京市于2018年7月出台《关于全面推进农村集体财务“村务卡”使用工作的通知》，规范“村务卡”的适用范围、持有人及结算程序。“村务卡”强化村级集体资金管理的全流程监控，提高资金管理使用安全性，其有三个明显优势：一是方便快捷，南京市鼓励“村务卡”与使用人的支付宝和微信支付捆绑使用，提高使用效率；二是实时透明，“村务卡”支付信息能实时推送至“阳光惠民”监管系统，全部录入农村集体资产监管综合平台，提高村级资金管理使用的透明度，确保村级资金管理的全程留痕可追溯；三是杜绝违纪违法行为，“村务卡”以村干部个人信用办卡，为个人贷记卡或借记卡，并报镇街业务主管部门备案。该卡主要用于村集体不便于转账结算的日常村级公务支出及其他财务报销业务，基本实现村级日常公务支出的非现金化，杜绝坐收坐支等违纪违法行为。截至2019年11月底，全市已发放“村务卡”1355张，其中借记卡361张、贷记卡994张，村务卡支出总金额2215.2万元。其中浦口区于2018年完成了“村务卡”全覆盖，全区68个涉农村社共备案277张“村务卡”。

（四）以第三方代理开展会计核算改革

2018年9月，南京市农委发布《关于推广泰州经验，学习贯彻〈条例〉，加强农村集体“三资”管理工作的实施意见》，要求加快组织框架构建，因地制宜推行会计核算“会计师事务所代理”模式或“会计委托代理服务中心”模式，提升会计核算专业化水平。南京市会计核算改革分为两步走：一是8个镇街先行。根据文件要求，南京市在江宁街道、汤泉街道、雄州街道、溧水开发区、西岗街道、铁心桥街道、长芦街道7个街道（开发区）组建以镇街为单位的“会计委托代理服务中心”试点，对招聘的委派会计实行统一管理，交叉、定期轮岗；在东坝镇开展村账村做、村会计异地委派试点，共涉及8个镇街的93个村（社区）。会计核算改革试点进展顺利，其中高淳区于2019年6月在全区全面推行“中心代理会计核算、财政监管集体资金、农经加强指导监督、村（社区）会计异地报账”的会计核算模式。二是扩大试点范围。截至2019年12月底，南京市“会计委托代理服务中心”试点拓展到46个镇街的565个村（社区），覆盖率为82%。其中，对由财政管理村级资金的高淳、栖霞、雨花台三个区的17个镇街180个村（社区）、原“村账镇代理”的21个镇街292个村（社区），按照“会计委托代理服务中心”模式进行改进和完善，并保持村级集体资金所有权、使用权、审批权和收益权不变，以及以村级集体经济组织为单位进行会计核算独立性不变。以第三方委托代理服务为核心的村级会计核算改革取得明显成效：一方面强化村（社区）集体资金收支监管，确保集体资金运行的规范化和安全性；另一方面严格把控集体资产资源处置的程序关，保障集体资产不流失、有收益。

（五）以信息化带动制度化和公开化

南京市于2018年12月建成“市区一体、村银直连、实时动态”的“三资”监管综合平台，提升农村集体资产财务管理的信息化水平，并以“三资”监管的信息化带动制度化和公开化。南京市的“三资”监管综合平台目前已在全市59个涉农镇街691个村（社区）推广运用，其有五大特点：一是信息集成一体化。该平台有工作、监管、公开和大数据分析四大平台，服务于会计人员、监督人员、集体经济组织成员，以及各级管理人员四大人群，实现财务管理、财务监督、财务公开和提供决策依据四大功能。二是村银直连实时化。该平台与合作银行的业务系统直接连接，各村可直接在监管平台的财务平台模块办理账户管理、资金查询、转账支付、批量代发等业务，且转账资金实时到账。三是预警处置动态化。平台设置5类17项预警项目，对集体资产、资源和资金的使用进行实时动态监管。截至2019年12月底，南京市预警（含未试点镇街）10740条，试点镇街办结1933条。四是公开推送便捷化。“三资”监管平台的公开平台无须账户登录，面向广大村民开放，可直接查询村（社区）收支明细、账户流水等，操作简单、查询快捷。五是以图管资可视化。该平台运用地理信息技术将农村集体资产中的土地、房屋等不动产可视化，以正射影像图直观展示农村的集体资产的测绘信息、实拍照片和资产卡片等，并详细记录集体资产的会计账，实现“以图管资”。

二、农村集体资产财务管理中存在的问题

南京市集体资产财务管理整体成效显著，但仍存在会计核算改革试点待深入、村会计异村交流任职较难实现，以及财务管理业务操作效率较低的问题。

（一）会计核算改革试点有待深入

南京市推行以“会计委托代理服务中心”为核心的会计核算改革，很大程度上提高了会计核算专业化水平。但从改革实际成效看，有些镇街较难实现真正意义上的“管办分离”，这多是由历史原因造成的，如有的镇街已经建立村级会计代理服务中心，但由于机构设置的限制，这些代理服务中心有的与镇街财政所合署，有的与镇街经管站合署，一定程度上限制代理服务中心独立性，影响会计核算改革的纵深发展。

（二）村会计异村交流实现有难度

村级主办会计异村交流任职制度为江苏省探索之举，目前主要在盐城市、扬州市等地推行，南京市也有个别镇街开展试点。从调研反馈看，群众和基层干部对此项制度有不同意见，主要观点是村主办会计不仅要负责村集体资产财务管理，更多地要配合和协助村内土地承包、农村经济调查、统计年报、档案管理等工作，同时还要处理本村财务纠纷等复杂事务，而村会计进行异村交流可能会有三方面不利影响：一是增加会计上班途中的时间、增加工作难度，一定程度降低工作效率；二是新交流会计对业务不熟影响工作质量，尤其是业务考核；三是会计离职现象增多。可见，会计异村交流虽然能一定程度提高村级财务管理独立性，但在具体实施中仍存在一定的难度。

（三）财务管理业务操作效率较低

南京市个别镇街的集体资产财务管理存在业务操作效率较低的问题，这主要是由业务量大、人员力量不足造成的。如“三资”监管综合平台的原始数据需要业务人员一个个录入，工作量大，耗时耗力，而当前懂业务操作的专业人员相对较少，故而出现操作效率较低的情况。

三、进一步提升财务管理水平的政策建议

本文提出相应政策建议，以进一步提升财务管理水平，为其他地区提供借鉴。

（一）深入推进会计核算改革

在现有改革基础上，总结和发现南京市各会计核算改革试点的经验做法和不足，参考江苏省及全国其他市（区）的做法，研究制定深入推进和完善会计核算改革办法。在经济水平和其他条件允许情况下，探索将会计委托代理服务中心作为独立核算机构，进一步增强财务管理独立性。可借鉴苏州市做法，在村集体经济实力较强、经济业务量大地区，推行会计核算“会计师事务所代理”模式，也可尝试探索其他形式的会计核算方式。再者，省级相关部门在充分了解现有改革情况基础上，可联合出台推进会计核算改革试点的操作性文件，为市（区）的会计核算改革提供指导。

（二）评估会计异村交流制度

针对群众和基层干部反映的村主办会计异村交流较难实现的问题，可组织第三方研究机构对该制度进行系统、客观的评估，重新审视该制度的合理性和可行性。若评估结果显示，该制度确实会给村级会计的财务管理工作带来负面影响或操作上存在较大的难度，且不利影响大于正向影响，则应考虑及时对制度进行修正，广泛听取群众意见。

（三）提升财务管理业务操作效率

当前存在的财务管理业务操作效率较低的问题，可通过两种方式解决：一是改进工作方法。如通过技术手段将“三资”监管综合平台中原始数据逐条录入方式改为数据导入，一方面可提高工作效率，另一方面可节省人力。二是加强财务管理业务人员队伍建设。如：招聘专业水平较高的业务人员，壮大人才队伍，提升专业化水平；对现有业务人员进行业务培训，提高业务水平。

强化“三资”管理　规范产权交易
——以扬州市为例

倪坤晓　何安华　高　鸣　张哲晰

农村集体资产是发展集体经济、实现乡村全面振兴的重要物质基础。扬州市通过全面开展农村集体产权制度改革，实施农村集体“三资”监管，开展农村产权交易，较好地促进了农村集体经济的发展，积累了较为丰富的经验，值得参考借鉴。

一、农村集体资产的基本情况

自开展农村集体产权制度改革以来，扬州市按照“先试先行、典型带动、稳妥推进”的工作思路，强化工作措施，扎实推进改革工作。扬州市对资产、资源和资金（以下简称“三资”）进行了全面清理核实，摸清了农村集体经济组织家底。其以 2017 年 12 月 31 日为清查时点，共核查镇、村、组三级集体资产（不含全资企业类）128.15 亿元，其中经营性资产 50.98 亿元，非经营性资产 77.17 亿元；核查全资企业类资产 2.56 亿元，其中所有者权益 0.65 亿元。在资源性资产方面，核查集体土地 759.29 万亩，其中农用地 602.90 万亩。

二、农村集体资产管理和交易的主要做法

扬州市在农村集体资产的管理和交易上取得了较好成效，一些经验做法值得参考。

（一）加强领导，编制方案

扬州市注重顶层设计，先后发布了与农村集体资产管理和交易相关的各类通知、方案和意见，提升农村集体资产管理和交易的制度化水平。如下发《关于全面开展农村集体资产清产核资工作的通知》《农村集体资产清产核资操作流程》《扬州市农村集体资产流转交易环节操作规范实施细则》；印发《全市农村集体“三资”管理专项治理工作方案》《扬州市村集体经济组织财务预决算管理办法（试行）》等。各乡镇也根据省市文件制定了相应的工作方案，各行政村结合实际制定了具体实施办法，确保工作有序开展。

（二）大力宣传，开展培训

为全面强化农村集体资产的管理和交易，扬州市结合会议、培训、文化交流等活动，利用电视、网络等进行宣传，及时讲解资产管理和交易的政策和步骤，做到了政策宣传到位，干部和群众认识到位、参与到位。同时，扬州市还组织各类培训活动，提高业务人员的专业水平。如举办市级农村集体财务与“三资”管理业务培训班，培训县、乡业务人员 120 名；举办市级农村集体产权制度改革暨农村产权交易业务培训班，培训县、乡相关业务人员 122 名。

（三）强化管理，公开财务

扬州市于 2018 年 6 月全面推广了农村集体财务与“三资”管理信息系统，采取村账村记、乡镇在线督导的管理模式，实现了村级财务的即时记账、实时监管、公开透明，提高了村主办会计的业务水平，提升了集体“三资”管理的质量。同时，扬州市大力推广“E 阳光”手机 APP，实现其与“三资”监管信息平台的融合，充分发挥手机 APP 和网络操作平台的双重优势，以便捷化、及时化、信息化的手段推送集体财务相关信息，保证财务公开化。截至 2019 年底，扬州市“三资”管理信息系统已录入基础数据近 86.2 万户，点击量 83 万多次，发布信息 7.9 万多条。

（四）优化结算，保障安全

根据江苏省农村集体“三资”管理专项治理的工作部署，为进一步规范农村集体资金管理、优化结算方式、提高财务透明度，扬州市于 2017 年 11 月制定《全面推行“村务卡”实行村级财务非现金结算的实施方案》，要求村务活动的日常开支均需通过银行转账或“村务卡”进行。在政策推动下，扬州市所有村（社区）都开设基本账户，全面推行“村务卡”制度。该项制度优势显著，村级财会人员在日常财务开支中不需要直接提取、保管或使用现金，保证了资金的安全运行，预防了腐败现象发生，也为村级财务的审核提供了有效支撑，实现了“在线审核、分级审批、实时高效、全程监督”的新型资金监管方式。截至 2019 年底，扬州市累计发放“村务卡”1868 张，实现了村级全覆盖。

（五）完善体系，规范交易

2014 年 4 月，扬州市人民政府印发《市政府办公室关于加快推进农村产权交易市场建设的意见》，提出要建立健全市、县、乡三级农村产权交易体系，规范农村产权交易服务，强化交易市场的标准化建设，实行农村集体资产流转进场公开交易。同年，扬州市陆续出台《扬州市农村集体资产交易管理暂行办法》《关于组织引导农村产权进场交易的指导意见》等，进一步对交易机构、范围、方式、程序、行为、争议处理等进行了合理修订。交易市场的建立对促进农村产权交易的公开公正，推动城乡生产要素的自由流动，优化资源配置和保障农民合法权益起到了重要的作用。2014 年 7 月至 2019 年底，扬州市累计实现农村产权交易 36433 笔 83.46 亿元，溢价 3.76 亿元，溢价率 4.5%，位居江苏省前列。

（六）双线督查，严格考核

为进一步了解农村集体资产管理和交易的工作进展、总结创新做法和典型经验，发现存在的问题，进而强化集体资产管理和交易的成效，扬州市开展了“线上线下”结合的双线督查。“线上”主要对农村集体财务与“三资”管理信息系统、农村产权交易信息服务平台进行督查，重点检查集体财务的预算、记账情况，合同资金的收缴、公开规范化程度等；“线下”主要对农村集体“三资”监管制度建设、实体市场、台账资料等进行督查，重点检查专项审计问题的整改情况，制度执行、市场建设情况，以及决策的民主、监督等合规情况。同时，扬州市将督查结果纳入考核体系，如将农村产权交易工作纳入农业农村工作和县（市、区）党政正职的考核内容，还对农村产权交易考核中业绩显著的20个乡镇进行奖励。

三、问题和建议

扬州市在农村集体资产的监管、交易中存在两方面制约因素，需进一步提升。

（一）“三资”监管水平待提升

农村集体的“三资”监管离不开完备的制度设计和专业的人才队伍。虽然扬州市的“三资”监管水平整体较高，但仍存在两个制约因素：一是农村集体财务与“三资”管理信息系统的信息化、智能化水平待提高，债权债务管理等功能需进一步完善；二是“三资”监管基层业务人员的专业化水平较低，人才匮乏。

建议强化农村集体的“三资”监管。一是进一步完善农村集体财务与“三资”管理信息系统，提高系统的信息化、数字化、智能化水平。重点加强村级债权债务管理、农村集体产权交易、专项应付款管理等方面的建设，提升信息系统在便捷、公开、预警等方面的功能。二是加大对村主办会计等参与资产管理和交易业务人员的培训力度，提高“三资”管理的专业化水平。同时，加强对相关业务人员的考核和奖励，强化约束机制，提高激励效应，稳定专业人才队伍。

（二）集体资产流转交易的规范化水平待提高

扬州市的农村产权交易成效显著，但仍有三方面提升空间。一是产权交易的政策设计需进一步完善，应根据实践结果进行动态调整。二是农村产权的抵押融资发展相对较慢。三是产权交易服务需根据市场需求进一步优化。

建议规范集体资产的流转交易。一是完善政策设计体系。根据双线督查的反馈结果，结合最新情况和问题，及时修订《扬州市农村产权交易管理办法》，补充和完善交易机构、范围、方式、程序、行为、争议处理等内容，促进交易的规范化、程序化，提高交易的严谨性，更好地为交易双方服务。二是推进农村产权抵押融资。在合法合规的情况下，稳步推进农村产权的抵押和融资，盘活农村集体资产，推动农村金融安全有序发展，为发展集体经济、发展农业现代化提供新动能。三是优化产权交易服务。以市场为导向，根据供需双方意愿，在公开公平公正的原则下实施农村产权交易的线上竞价，促进农村生产要素的合理流动，增加农村集体资产的收益。

四川省两县扶贫资产管护运营调研报告

种　聪

根据中央领导同志重要批示精神，农业农村部政策与改革司调研组赴四川省巴中市南江县、广元市旺苍县的 5 个村开展了扶贫资产管护运营情况实地调研。从调研情况看，两县扶贫资产家底清晰、管护责任明确、运营情况良好。

一、扶贫资产的基本状况

南江、旺苍两县均位于四川省东北部，属川陕革命老区和边远高寒山区，曾是全国扶贫开发工作重点县。2013 年实施精准扶贫、精准脱贫以来，围绕“县摘帽、村退出、户脱贫”的贫困退出标准，中央和地方投入了大量的扶贫资金，主要包括财政专项扶贫资金、财政涉农整合资金、行业扶贫资金、东西部协作资金、社会扶贫资金等，实施许多扶贫项目，形成大量扶贫资产。截至 2020 年底，两县共实施扶贫项目 24360 个，形成扶贫资产总额 86.6 亿元。其中南江县扶贫项目 17863 个，扶贫资产总额 56.8 亿元；旺苍县扶贫项目 6497 个，扶贫资产总额 29.8 亿元。南江、旺苍两县分别于 2019 年 4 月、2020 年 2 月退出贫困县序列。两县根据扶贫资金来源和项目实施方式，对形成的各类扶贫资产进行了确权，分别为确权到户的扶贫资产、确权到村的集体资产和国有资产。

（一）确权到户的扶贫资产约占扶贫资产总额的 1/3

两县将支持贫困户生产发展所购买的果树、牲畜等生物性资产，帮助贫困户生活条件改善所购建的固定资产或物品等确权为到户的扶贫资产。主要包括：到户产业、三建四改（建庭院、建入户路、建沼气池和改水、改厨、改厕、改圈）、安全住房、单户水处理设备、广播电视等。两县累计确权到户的扶贫项目 15056 个，形成到户扶贫资产 29.6 亿元，占扶贫资产总额的 34.2%。南江县西厢村共有 227 户 717 人，其中贫困户 67 户 213 人，累计形成扶贫资产 4626.8 万元，其中确权到户的扶贫资产 2905.4 万元，占比 62.8%。

（二）确权到村集体的扶贫资产主要为非经营性资产

两县将扶贫资金投入到村形成的非经营性和经营性资产确权为农村集体资产，对于村级联建项目形成的资产，根据资金投入比例或所在村建设规模等因素确定资产所有权比例。非经营性资产主要包括：村内道路交通、农田水利设施、集中供水饮水设施、党群服务中心、文化室、卫生室，以及村小学、幼儿园、公共厕所、垃圾处理设施等；经营性资产主要包括：农林牧渔产业基地、生产加工设施、仓储物流设施、旅游服务设施、电商服务设施、村级光伏电站，以及资产收益扶贫、产业扶持基金等。两县确权到村的扶贫项目 9065 个，形成扶贫集体资产 41.0 亿元，占扶贫资产总额的 47.3%，其中非经营性资产 37.9 亿元，占扶贫集体资产的 92.4%。南江县西厢村扶贫集体资产 1815 万元，其中非经营性资产 1204 万元，占比 66.3%。

（三）跨乡跨村扶贫资产大多确权为国有资产

两县将跨乡（镇）、跨村的部分扶贫项目，以及投入龙头企业、产业园区、教育卫生及文化等社会事业硬件建设形成的资产确权为国有资产。由县级人民政府指定行业主管部门或乡（镇）人民政府按照国有资产管理有关规定管理。两县确权为国有资产的扶贫项目 239 个，资产总额 16.0 亿元，占扶贫资产总额的 18.5%，其中：南江县 177 个项目，资产总额 12.6 亿元，经营性资产 5.6 亿元；旺苍县 62 个项目，资产总额 3.4 亿元，经营性资产 0.6 亿元。

二、扶贫资产管护的做法

近年来，为加强扶贫资产的管护和运营，四川省印发了扶贫资产管理操作指南，南江、旺苍两县也分别出台了扶贫项目资产管理办法，做到扶贫资产管理有制度、维护有依据，为管得久、用得好奠定基础。

（一）建立扶贫资产台账

两县均在确定扶贫资产权属的基础上，按照应纳尽纳的原则，分级、分类、分项、分年度逐一登记扶贫资产明细，建立真实、合法、准确、完整的扶贫资产动态监管台账。登记内容主要包括：资产名称、类别、购建年限、预计使用年限、数量、单位、原始价值、资金来源、所有权人、使用权人、收益权人等信息。县级相关行业部门建立扶贫资产总台账，各乡（镇）、村建立分台账，要求扶贫项目竣工验收后3个月内办理资产移交和确权登记手续；尚在建设或已竣工尚未完成结算的，也要纳入登记范围，做到账账相符、账实相符；到户类扶贫资金，没有形成固定资产的，要明确扶贫资金使用情况。对于跨乡（镇）实施项目形成的扶贫资产，由县级相关主管部门负责登记入账；跨村实施项目形成的扶贫资产，由乡（镇）负责登记入账。

（二）明确扶贫资产管护主体

按照“谁受益、谁管理”或“谁所有、谁管护”的原则，明确扶贫资产管护主体，落实责任单位和责任人，对扶贫项目从交付使用、运营管护、效益发挥到滚动发展等全过程进行管理。产权归属到户的扶贫资产，由乡（镇）、村指导农户自主管理，确保正常运行、保值增值。产权归属村集体所有的非经营性资产，由村集体负责管护；经营性集体资产，无论是自主经营，还是承包、租赁、股份合作等经营方式，均由经营者负责管护。产权归属国有的，按照国有资产管理规定管护运营。

（三）落实扶贫资产管护资金

按照属地管理原则落实管护经费，建立以经营收入、乡（镇）自筹和群众投工投劳为主，行业投入和社会捐助为辅，财政适当补助的管护经费投入机制。对于确权到户的扶贫资产，管护经费以农户承担为主，为贫困户统筹安排公益性岗位。确权到村集体的非经营性资产，管护经费原则上由政府承担；经营性资产，从集体经营性收益中安排，鼓励有光伏电站和集中供水设施的村，按“保本微利”的原则由村集体进行商业运营。确权为国有的资产，管护经费由县级财政和行业部门统筹。广元市委副书记蔡邦银介绍，该市每年财政拿出 1 亿多元用于村集体的非经营性资产管护，保证每个村至少有 10 万元的运营经费。据南江、旺苍两县的多位村支部书记介绍，目前村内道路、蓄水池等非经营性资产刚建好，日常维护由集体负责，财政补助的钱基本够用。当道路等基础设施遇到因山洪等自然灾害损坏时，可以向县级部门申请财政资金。

（四）创新扶贫资产收益分配机制

两县扶贫资产收益主要用于巩固扩展脱贫攻坚成果、推进乡村振兴和促进集体经济发展。确权到户的扶贫资产收益，归受益农户所有。确权到村的集体资产收益，归各村集体经济组织成员集体所有，按比例明确到集体和农户，主要用于集体经济发展、公益性岗位支出，以及公共事业、公共福利、帮困救助等方面。确权为国有资产的收益，按照国有资产收益管理规定执行。南江县西厢村党支部书记张培军介绍，该村建立集体收益“235”分配机制：20% 作为村集体公积金，用于公共服务资产管理维护；30% 作为村集体公益金，用于建立防返贫帮扶基金和“道德银行”；50% 用于村集体经济持续发展。南江县黑池村党支部书记梁勇介绍，该村探索出“四股五分”收益分配机制，资金股占 40%，资源股占 25%，成员股占 15%，集体股占 20%。集体股收益中，10% 用于村集体公益事业，10% 用于绩效奖励。

（五）健全扶贫资产监督机制

为加强扶贫资产监管，防止扶贫资产闲置和流失，两县均建立了扶贫资产监督长效机制，主要包括审计监督、行业监督、社会监督等。南江县根据各部门职责分工，统筹协调推进扶贫资产全过程指导和监督，明确要求在县审计局等部门对乡（镇）领导干部、村干部开展经济责任审计时，将扶贫资产管理作为审计的重要内容；乡镇人民政府落实主体责任，将扶贫资产管理与农村集体资产清查核资工作有效衔接；农村集体经济组织监事会、驻村工作队等发挥事前、事中、事后监督作用。旺苍县将扶贫集体资产纳入农村集体资产监督管理平台，建立了县、乡、村三级扶贫资产管理台账，并将相关数据与国家防返贫监测系统大数据平台共享，实现扶贫集体资产管理信息化、收益分配公开化，主动接受社会各界的监督。

三、探索扶贫集体资产运营有效路径

为确保扶贫资产中确权到村集体的各类资产持续运营、发挥效益，两县进行了许多有益的探索。

（一）投入发展特色农业产业

两县山清水秀，农业资源丰富，集体资产运营主要是依托土地资源，发展现代农业。两县扶贫形成的村级经营性集体资产 3.1 亿元，占扶贫集体资产总额的 7.6%，大多是通过修建机耕路、蓄水池、排水沟等形成的农林牧渔产业基地，以及建设的仓储设施、购买的果树和牲畜等。南江县扶贫形成村级经营性集体资产 1.2 亿元，包括投入建设的金银花、葡萄、茶叶等特色农业产业基地，以及黄羊等畜牧业基地。黑池村、柏山村分别形成 3000 亩富硒杨梅基地、640 亩葡萄基地，村股份经济合作社按照每亩 500 元左右价格流转农户土地，负责田间管理和鲜果销售，2021 年两村集体经营收益分别达到 70 万元、73.7 万元。旺苍县扶贫形成村级经营性集体资产 1.9 亿元，主要是依托贫困村产业扶贫示范园和省级贫困村集体经济试点项目资金，建成127个扶贫农业产业示范园，种植茶叶、水果、蔬菜等，坚持“集体经济组织+新型经营主体+农户”的利益联结模式，保障村集体经济稳定增收。

（二）支持发展乡村旅游业

两县在改善人居环境、建设美丽乡村的基础上，对具有地理优势、环境优势、旅游资源的村，大力发展乡村旅游。村集体利用一些扶贫项目建设形成民宿、餐饮设施、游乐场、停车场、旅游公厕等经营性集体资产，文化长廊、旅游道路等非经营性集体资产，同时挖掘旅游文化、民俗文化，吸引了大量的游客，增加集体和农民收入。南江县西厢村有着悠久的历史和良好的生态环境，80%的村民是岳飞的后裔，有古庙、古牌坊、岳飞雕像、千年金丝楠木，成为游客打卡乡村旅游的网红村。2018年该村利用100万元扶持村级集体经济发展项目资金，建成10栋“星空民宿”，每栋每天280元，2021年村集体收入12.2万元。村民何贤凤在村集体打工，负责停车场、公共厕所和一段公路打扫，有空还在农家乐上班，一年收入1万元左右。黑池村利用扶贫项目建成的杨梅基地举办采摘节，2021年村集体门票收入11.9万元、农产品销售收入79.9万元。旺苍县南凤村利用扶贫项目建设乡村旅游服务综合体1000平方米，重点培育休闲体验、农家餐饮、精品民宿、花卉游览四种业态。

（三）出租或入股增加集体收益

通过将仓储物流设施、电子商务设施等经营性扶贫集体资产，以及村内道路等非经营性扶贫集体资产以出租、入股等形式与农业经营主体合作、联合，促进了扶贫集体资产的保值增值。南江县柏山村股份经济合作社将扶贫建设的集体鱼塘、小型水库等进行发包、租赁，2021年村集体获得收益13.3万元；西厢村股份经济合作社将扶贫建设的村内道路、庭院，以及古树、古桥等集体资产评估作价，以5%的股份入股到游乐园、漂流等旅游项目，2021年村集体入股收入8万元。旺苍县南凤村将扶贫建设的400吨级保鲜库出租，为专业合作社和种植大户提供果蔬贮藏服务，获得稳定租金收入。三合村将利用扶贫资金建设的200亩茶园出租，将80万元扶贫资金入股茶叶专业合作社，2021年村集体分别获得土地租金收入4万元、资金入股收入4万元。

四、关于加强扶贫集体资产管理的建议

扶贫资产是脱贫攻坚时期积累的宝贵财富，更是巩固脱贫攻坚成果与乡村振兴的重要物质基础。目前，基层同志反映最多的是扶贫集体资产管护运营缺少专业人才、盘活利用路径较为单一等。针对此情况，提出如下建议。

（一）建立扶贫集体资产管护运营长效机制

健全完善扶贫集体资产管护制度，进一步明确扶贫集体资产管护的主体责任，落实非经营性扶贫集体资产管护费用，发挥好经营性扶贫集体资产的效益，确保各类扶贫集体资产安全运行、保值增值。加强扶贫集体资产运营管理，明确收益分配办法，鼓励过渡期满后的扶贫项目建设资产收益由农村集体经济组织成员全体共享。强化扶贫集体资产日常管理，建立扶贫集体资产数据库，逐步将扶贫集体资产纳入全国农村集体资产监督管理平台，实现扶贫集体资产动态监管。

（二）积极探索扶贫集体资产保值增值有效路径

指导各地立足资源禀赋，盘活利用各类扶贫资产，探索扶贫集体资产运营新模式新路径。鼓励各地积极将扶贫经营性资产以及“四荒地”、闲置宅基地、集体经营性建设用地，通过自主经营、股份合作等方式发展新产业新业态；探索以强村带弱村、抱团发展等形式与市场主体开展联合与合作，建立利益联结机制，使农民群众特别是贫困户共享改革成果。

（三）加大农村集体经营管理人才培养和引进力度

选优配强农村集体经济组织负责人，鼓励和引导优秀人才到农村一线干

事创业。加大农村集体经济组织经营管理队伍建设和人才培养力度，有条件的地方可以通过公开招聘方式选择职业经理人。制定农村集体经济组织经营管理人才激励政策，鼓励各地从优秀农村集体经济组织负责人中选拔乡镇领导干部，对为发展集体经济做出突出贡献的人员给予适当的绩效奖励。

（四）建立农村集体资产管理服务体系

加强各级农村集体资产监督管理服务机构建设，更好地承担农村集体经济组织的运营管理、资产财务管理、土地承包管理、宅基地管理、集体经济发展等工作；充实机构人员队伍，保障工作运转经费，确保事有人管、责有人负，促进扶贫集体资产管理迈上新台阶。

双街村60年集体资产盘活史

高 鸣

双街村位于天津市北辰区双街镇的中部，辖区面积1.73平方公里；全村共有村民1764人668户；原农业户籍1316人，原非农业户籍448人。2017年实现销售收入3.77亿元，交税达1.04亿元，农民人均可支配收入为6万元。双街村先后被评为全国先进基层党组织、全国民主法治示范村。

一、双街村集体产权制度的改革历程

人民公社时期，双街村积极探索盘活集体资产的方式。1961年，双街村开始进行集体资产的盘活和运营。1969年，双街大队成立了双街公社，并设立了双街综合加工厂，年产值达到9990元。1978年，双街大队建立机械化养殖场，实现机器控制操纵，房屋建筑面积2400平方米，占地8500平方米，每年上交肥猪1000余头，主要对口收购单位北郊区北仓食品厂。

改革开放初期，双街村创建联营式新型集体组织。1978—1984年，双街村实行家庭联产承包责任制，包田到户，鼓励发展多种经营，调动了广大村民的生产经营积极性。1985年，为响应天津市大搞农村工副业号召，双街村发展联办企业，与天津市有色金属加工厂合营办企业，由双方共同投资，为联营式新型集体组织，独立核算，自负盈亏。

20世纪末期，双街村扩大集体资产规模。1990年，双街村的工业总产值为1043.2万元。1992年，双街村集体所有的企业达6个，总产值为1637万元。1993年，北辰区确定大规模、高水平和外向型的发展战略，双街村的剪板厂总产值超过1000万元，与此同时，先后成立了双街养鱼池、果园、养鸡场等村办企业，盘活双街村集体资产。1995 年，双街村将集体资产与可持续发展相结合，成立了生态农业养殖公司。1997 年，双街村村委会制定村民优惠政策，并大力推进双街村的基础设施建设，利用集体建设用地修建道路和垃圾池。

21 世纪初期，双街村集体资产带动村民就业增收。2000 年开始，为进一步盘活集体资产，双街村组建双街置业集团，为村属经济实体，集体所有制性质。2003 年，该置业集团总资产为 6 亿元，总注册资金 1.6 亿元。2004 年，双街村开始测绘村民院落、房屋面积，拟对旧村进行改造。2005 年，组建三个中小企业工业园区，为双街村村民提供多个就业岗位，增加了村民收入。2007 年，双街村实施旧村改造，545 户村民住宅全部拆迁，拆迁旧房建筑面积 9.87 万平方米。2009 年，双街村创建现代农业科技示范园，建设培育食用菌、葡萄、草莓和种苗繁育等主题公园，注册双街品牌的有机农产品，积极盘活农业用地。2011 年，建立双街种养殖业农业合作社。

党的十八大以来，双街村进一步推进农村集体产权制度改革。2012 年，双街村投资 9 亿元，建成中关村（天津）可信产业园。2017 年，双街村进一步将集体资产改革创新，建设“种苗繁育 + 产业基地 + 物流配送”整体联动的现代农业示范区，且现代农业示范区正从数量型向质量型、从粗放型向集约型、从原料型向成品型发展。根据《中共中央 国务院关于稳步推进农村集体产权制度改革的意见》《农业农村部关于开展农村集体产权制度改革督查的通知》等相关文件指导精神，双街村正在开展集体资产的清产核资和产权制度改革的工作。双街村成立了集体产权制度改革工作小组，研究讨论并制定了集体产权制度的工作内容和工作进度等。

二、双街村集体产权制度改革做法和成效

（一）建立工作小组，部署推动改革工作

按照“党委牵头、书记挂帅、党政共同推动”的要求，成立以双街村党委书记为工作小组组长的集体产权制度改革工作领导小组、成员身份确认工

作小组和清产核资工作小组。各小组成员分别由村“两委”班子成员组成，包括村委监督委员会成员、村账镇管会计、村报账员和村里年长者、老党员、老干部等共计11人，具体承担人员身份界定、资产认定、股权确定等环节的组织实施职责；同时，聘请律师事务所为双街村的集体产权制度改革工作提供法律咨询和保障。

（二）政策指导，积极落实改革要求

在认真学习上级有关政策文件和周边地区主要做法的基础上，深入农户层面开展调研，围绕双街村集体经济组织成员身份确认、资产清查、股权配置等问题进行座谈交流，听取意见建议。在北辰区印发的《关于统筹推进农村集体产权制度改革的实施意见》《北辰区新型村集体经济组织成员身份确认指导意见》《北辰区农村集体资产清产核资指导意见》和《北辰区农村集体经济组织股权设置和管理办法》等文件的指导下，开展农村集体产权制度改革工作。此外，设立信访绿色通道，建立顺畅的意见反馈机制。

（三）摸底调查，推进成员身份认定工作

首先，全面完成人员摸底调查工作。结合北辰区农改办制定的人员确认指导意见，双街村以户籍转移、就业、婚姻、土地延包等关系人员确认的重要因素为重点，编制认定人员信息表，组织各村进行人员调查摸底，逐户逐人填写调查表，梳理分析人员情况。2018年4月底，双街村已完成了全部调查摸底工作。其次，全力推进成员身份确认工作。双街村在坚持“尊重历史、兼顾现实、程序规范、群众满意”的原则下，开展村集体经济组织成员确认工作。目前，已全面完成成员身份确认工作，共确认集体经济组织成员1594人。

（四）清产核资，加快工作进度

2018年初，双街村启动了清产核资工作，并建立了清产核资工作小组，组织开展清产核资、软件录入、补充填报等专题培训。为确保工作质量，及时与清产核资专项审计的会计师事务所进行对接，全面开展集体资产清查，

调查摸底、报表填报，实物盘点，重点对历史往来账项逐项查询，对固定资产、存货等实物资产进行逐项盘点核实，对各项盘亏盘盈资产逐笔写明原因，对需核销的资产按照“村确认—镇审核—区备案”的要求，严格履行资产核销程序。目前，清产核资工作已全面完成。截至2017年底，集体资产总额为30.05亿元，其中非经营性资产为7473.82万元，经营性资产为29.31亿元。

（五）科学设置股权，农民变“股民”

为做好双街村集体经济组织股权设置工作，村“两委”充分发扬民主，主动听取党员和村民代表意见，充分考虑不同身份类型人员的人员结构，先后拿出几套方案研究讨论，最终形成了“5+3+2”的差异化股权设置模式，并达到了82%的入户同意率，得到多数成员的认可。具体方式是：除预留500股作为遗漏村集体经济组织成员的调配股以外，截至改革基准日2017年12月31日，已确认为集体经济组织成员1594人，集体经济组织成员股共7010股，其中享受村福利待遇农业户籍人员，共1210人，每人享有5股；祖籍是本村村民因政策性转非国家未安置的、享受待遇的非农业人员，祖籍是本村农业户籍不享受待遇的出嫁女及超生人员，共192人，每人享有3股；本次已确认为经济组织成员的其他人员，共192人，每人享有2股。

农村集体经济发展篇

发展新型农村集体经济　补齐共同富裕“三农”短板

高　鸣

在全面建成小康社会的基础上，实现共同富裕，是满足人民对美好生活向往的接续奋斗目标。对标“全民共富”与“全面富裕”的具体要求，实现共同富裕的短板在“三农”。习近平总书记强调，“要把好乡村振兴战略的政治方向，坚持农村土地集体所有制性质，发展新型集体经济，走共同富裕道路”。[①] 作为社会主义公有制经济的组成部分，新型农村集体经济是补齐“三农”短板，特别是实现农民“全面富裕”的重要力量。

一、新型农村集体经济是带领广大农民实现共同富裕的重要力量

不同于人民公社、乡镇集体企业等形式的传统集体经济，新型农村集体经济是集体经营性资产量化到集体成员，兼具经济发展实力和联农惠农能力，兼顾效率和公平的新型公有制经济形态。在加快城乡融合发展、全面推进乡村振兴的背景下，新型农村集体经济在提高农民收入水平、增强农民集体意识、健全农民生活保障上的优势和作用明显，是带领广大农民实现共同富裕的重要力量。

（一）新型农村集体经济是发展乡村产业、提高农民收入与缩小城乡收入差距的重要动力

相比传统集体经济，新型农村集体经济的发展模式更加多元多样，除在

① 《习近平主持中共中央政治局第八次集体学习》，新华网，2018-09-22。

本地开展农业等传统经营项目之外，还包括乡村文旅等新业态、跨区域的合作经营等新模式。同时，新型农村集体经济严格认定了组织成员资格，为组织成员公平共享产业发展成果提供了明确依据。2019 年，完成农村集体产权制度改革的集体经济组织当年分红 571.2 亿元，比 2017 年增加 39.0%。新型农村集体经济通过发展各类乡村产业，并将集体收益量化分红，实实在在地提高了农民收入。

（二）新型农村集体经济具有强化农民集体意识，增强农民凝聚力、向心力的重要功能

实现共同富裕既要“富口袋”，也要“富脑袋”。面对农村发展存在的“空心化”等问题，发展新型农村集体经济有益于营造成员之间相互合作、互利共赢的良好氛围，提升广大农民的精神面貌。同时，发展新型农村集体经济也将增强农民与集体之间的利益联结，强化农民的集体意识，增强凝聚力和向心力，为实现共同富裕中“共建共富”奠定坚实的群众基础。

（三）新型农村集体经济是建设发展农村道路、医疗、养老等公益事业的重要支撑

持续缩小城乡间的基础设施与公共服务差距，是补齐共同富裕“三农”短板的重点和难点。新型集体经济组织在提供农村基础设施和公共服务等方面上的地缘优势和组织优势明显，是发展农村公益事业的重要主体。2019 年，完成农村集体产权制度改革的集体经济组织的公益性支出达到 718.0 亿元，比 2017 年增加 172.3%。发展新型农村集体经济，是增强集体经济组织的公益支出能力、补齐共同富裕在农村基础设施和公共服务方面短板的必然要求。

二、发展壮大农村集体经济的主要措施

落实 2021 年中央一号文件明确提出的“发展壮大新型农村集体经济”，并更充分地发挥其在补齐共同富裕“三农”短板上的重要作用，应当主要从

以下三个方面着手。

（一）深入推进农村集体产权制度改革，巩固共同富裕的制度和组织保障

针对改革进展相对缓慢的地区，要加强对其指导与帮扶的力度，着力化解其在成员资格认定上面临的各类难题，确保2021年完成农村集体产权制度改革的阶段性任务。已经完成改革的地区应当组织开展“回头看”工作，做好前期改革工作的规范提升；注重发挥示范样板作用，持续探索可推广性强、辐射带动作用明显的有益经验和有效模式，为其他地区发展壮大新型农村集体经济、补齐共同富裕短板提供发展思路与道路选择。

（二）重点提升新型农村集体经济的经营能力，夯实共同富裕的物质基础

目前，多数集体经济组织面临经营性资产短缺的问题，部分集体经济组织仍有历史债务负担，一些集体经济组织缺乏能人带领，人才短板突出。做大做强新型农村集体经济，一是要用好本地资源，加速产业融合。对农村闲置资产进行升级改造，通过承包出租等方式盘活经营性资产，立足本地区位条件和优势资源发展农家乐、乡村文旅等新兴业态。二是要用好外部资源，创新发展新型农村集体经济的实现形式。通过开展“飞地抱团”等方式，实现“弱弱抱团”“强弱互补”或“强强联合”，缓解本地面临的区位条件和资源禀赋约束，同步带动区域间的协调发展与共同富裕。三是强化人才支撑。畅通各类人才返乡入乡的机制和通道，让各类党政人才、经营人才、技术人才能够在发展新型农村集体经济中“下得去”“用得好”并“留得下”。

（三）健全完善新型农村集体经济的经营制度，构建共同富裕的长效机制

加快建设信息化、动态化的集体资产负债监督管理平台，及时防范与规避各类经营风险。健全完善对新型农村集体经济组织收益分配的监督体系，确保集体经营收益的分配合规合理、集体经济的发展成果由组织成员公平共享。加快制定出台《农村集体经济组织法》及相关法律法规，进一步明确集体经济组织成员的权利和义务，明确规定成员退出后的资产处置办法等动态调整机制。

新型集体经济赋予双层经营体制新的内涵

倪坤晓

农村双层经营体制是全面推行家庭联产承包责任制后逐步形成的农村基本制度形态。1983 年中央一号文件最早明确了双层经营体制的特征，即“分散经营和统一经营相结合的经营方式具有广泛的适应性”。1991 年十三届八中全会首次提出把双层经营体制作为我国乡村集体经济组织的一项基本制度长期稳定下来。2008 年召开的十七届三中全会拓展了双层经营体制的内涵，强调家庭经营要向采用先进科技和生产手段的方向转变，着力提高集约化水平；统一经营要向发展农户联合与合作，形成多元化、多层次、多形式经营服务体系的方向转变，发展集体经济、增强集体组织服务功能。2019 年中央一号文件明确提出，“坚持家庭经营基础性地位，赋予双层经营体制新的内涵”。

一、新型集体经济赋予双层经营体制新的内涵

当前，新型集体经济的发展极大地丰富和完善了农村双层经营体制的内涵。

（一）新型集体经济为家庭经营注入新活力

家庭承包经营不是“分田单干”，集体统一经营也不是“归大堆”，两者相互依存和补充。新型集体经济作为“统”的重要内容，是由社区性农村集体经济组织（包括在生产队、生产大队基础上通过集体产权制度改革形成的社区性经济合作社或股份经济合作社）统一经营的集体所有制经济形态，是

集体成员的合作与联合。集体统一经营能提高技术效率、优化要素配置、发挥规模优势，推动提升家庭经营的集约化程度；同时，统一经营能有效避免回到一盘散沙的小农发展路径，发挥集体积累和统筹发展优势，一定程度缓解家庭承包经营面临的“小生产与大市场”的矛盾。

（二）新型集体经济是统一经营的重要内容

自农村改革以来，统一经营的主体、方式和功能不断多元化，经营内容也由村集体利用资源资产开展统一生产经营活动逐渐拓展到为农户和其他经营主体提供多层次的农业社会化服务。随着市场经济的发展，统一经营的内涵不断延伸，主要包括两个层次：一方面是村集体的“统”，即村集体直接经营或合作经营，或为社区居民或经营主体提供社会化服务、劳务介绍、土地流转中介等居间服务；另一方面是农户的“统”，即农户的联合与合作，如农民新型合作组织，这种形态成为统一经营的重要内容，一定程度弥补了集体经营的不足。

二、新型集体经济“统”的功能

从实践看，新型集体经济“统”的功能主要表现在三个方面：

（一）集体自主经营

村集体适应市场经济和农业增长方式转变的要求，在家庭承包经营基础上进行土地流转，依托特色农业，发展适度规模经营。江苏省南通市鼓励村集体牵头创办新型合作农场，通过直接经营增加集体收入。如东县双甸镇石甸社区新型合作农场经营面积 4000 亩，主要从事粮食、果蔬、苗木的种植收购销售，2020 年该农场上交集体收入 48 万元。

（二）主体联合经营

村集体整合利用村内土地等资源，通过“集体经济组织 + 经营主体 + 农户”的方式，带动集体经济发展。山东省泰安市南良父村立足当地西红柿产业，牵头成立专业合作社，注册“华良”商标，带领村民大棚种植西红柿，形成占地800多亩、600多个大棚的产业规模。户均承包2个大棚进行管理，集体协调土地流转、通水电路、统一化肥和农药等，村集体每年增收50余万元。

（三）提供居间服务

村集体创办多种形式的经营服务实体，为农户提供生产资料、农业机械、耕种防收托管等农业生产服务，或开展联结企业和农户的土地流转、购销劳务等中介服务，增加集体收入。黑龙江省绥化市兰西县远大镇双太村集体股份经济合作社2019年开展大豆种植托管服务，面积达10340亩，每亩收取服务费168元，加上57万元土地托管政策补助，实现村集体增收78万元。

透视新型农村集体经济的"新"

倪坤晓　何安华　高　鸣

农村集体经济是我国社会主义公有制经济的重要组成部分。2016年，中共中央、国务院印发的《关于稳步推进农村集体产权制度改革的意见》首次从中央层面提出"新型集体经济"概念。2018年，习近平总书记在中央政治局第八次集体学习上指出，"要把好乡村振兴战略的政治方向，坚持农村土地集体所有制性质，发展新型集体经济，走共同富裕道路"。2019年，习近平总书记参加十三届全国人大二次会议河南代表团审议时再次强调，要"完善农村集体产权权能，发展壮大新型集体经济，赋予双层经营体制新的内涵"。2004年以来的中央一号文件，基本都有关于发展集体经济的表述，2021年的中央一号文件明确提出"发展壮大新型农村集体经济"。

一、新型农村集体经济的内涵

我国农村集体经济产生于20世纪50年代初的农业合作化运动，在70年左右的时间里先后经历了合作化时期、人民公社时期和以家庭联产承包责任制为基础的双层经营体制时期。壮大农村集体经济是引领农民走向共同富裕的重要途径，2016年中央启动农村集体产权制度改革试点后，很多村庄加快探索发展集体经济的有效实现形式。新型集体经济是指在坚持我国基本经济制度的前提下，按照归属清晰、权能完整、流转顺畅、保护严格的现代产权制度要求，集体成员利用集体所有的资源要素，通过民主管理、合作经营、科学分配，实现共同发展的一种经济组织形态。其本质仍是农村集体经济，坚持农村集体土地等资源资产成员集体所有，以实现共同富裕为目的。之所以强调“新型”，是因为它通过农村集体产权制度改革明晰了集体产权，适应了社会主义市场经济体制新要求，探索了集体经济新的实现形式和运行机制。其“新”体现在以下五个方面：

（一）集体产权清晰

传统农村集体经济实行“集体所有，统一经营”，集体资产所有权主体不明晰，集体家底不清，农民难以有效行使主体权利。农村集体产权制度改革后，摸清了集体家底，集体资产的所有权确权到不同层级的农村集体经济组织成员集体，并依法由农村集体经济组织代表行使所有权，每个成员按持有集体经营性资产份额或股份享有集体收益。

（二）成员身份明晰

农村集体经济组织是发展集体经济的有效载体。过去发展农村集体经济时，“人人有、人人无份”，成员身份模糊，与集体利益关系松散。新型集体经济组织成员确认标准严格、程序规范，广大农民群众与集体经济的关联更具体、更明确、更直接，实现了“人人有份、人人有”，充分调动了农民群众关心集体经济发展的主动性和积极性。

（三）内部治理健全

过去发展农村集体经济缺少民主管理机制，集体资产使用和处置由一个人或少数人说了算，部分村集体经济成为干部经济。新型农村集体经济引入现代企业制度，成立成员（代表）大会、理事会、监事会，组织架构完善，决策机制和管理方式更加科学，一些有条件的村聘请职业经理人专业化打理集体经济。通过构建民主决策机制，完善治理体系，体现了全体成员意志，增强了集体经济发展活力。

（四）经营方式多元

过去发展集体经济主要依靠自我积累、独立经营，产业层次较低，聚焦一产二产。新型农村集体经济通过盘活农村资源要素，推动产业结构转型升级，与多种所有制经济协同发展，充分释放市场活力，探索出领办合作社、建立全资企业、开展股份合作、跨村抱团发展等模式，逐步构建起多业态打造、多主体参与、多机制联结、多要素发力、多模式推进的集体经济发展新形式。

（五）收益分配科学

过去集体收益主要用于村级行政开支和公共福利支出，农民直接分享经济收益不多且分配不透明。新型农村集体经济实行按生产要素贡献分配，对外坚持村集体与各类市场主体建立紧密的利益联结和收益共享机制，对内统筹分配与积累、兼顾集体福利与成员增收，集体收入优先用于公益事业、集体福利和扶贫济困，可分配收益按成员持有的集体经营性资产份额（股份）分红，既可保护集体和成员的合法权益，又能充分调动各类市场主体参与集体经济发展的积极性。

二、新型集体经济的实现形式探索

发展壮大农村集体经济的关键在于找到有效的实现形式。当前，各地农村集体经济发展“多点开花”，形成了资产租赁型、服务创收型、乡村旅游型、产业融合型、资本收益型和抱团发展型等模式。

（一）资产租赁型

农村集体经济组织整合利用集体土地资源、盘活闲置固定资产、投资兴建厂房园区，发展“吃租”经济，获得租金收入。如广西南宁市刘圩镇谭村整合集体和村民土地 3500 亩，租赁给广西四野牧业有限公司开展肉牛肉羊养殖，每亩每年租金 1000 元、分红 200 元，每 5 年递增 10%。河南信阳市平桥区郝堂村将集体闲置的村小学、村部改造成门面房和旅游管理用房，年租金收益 100 万元。北京海淀区四季青镇玉泉村开发建设约 16 万平方米的玉泉慧谷园，吸引了一批创新型高科技企业入驻，物业出租率达到 90% 以上。

（二）服务创收型

农村集体经济组织创办多种形式的经营服务实体，为农户提供生产资料、农业机械、耕种防收托管等农业生产服务，或开展联结企业和农户的购销、劳务等中介服务，增加村集体收入。如黑龙江绥化市兰西县远大镇双太村集体股份经济合作社 2019 年开展大豆种植托管服务，面积达 10340 亩，每亩收取服务费 168 元，加上 57 万元土地托管政策补助，实现村集体增收 78 万元。四川资阳市雁江区忠义镇元坝村为木桐蔬菜专业合作社和化肥公司提供销售化肥服务，每年分别收取服务费 6000 元、5000 元。浙江桐乡市梧桐街道安乐村以省财政扶持村级集体经济发展试点为契机，成立劳务专业合作社，采用企业化管理模式，承接物业管理、小区道路保洁、绿化养护等服务，实现年创收 200 万元。

（三）乡村旅游型

农村集体经济组织利用村庄良好的生态环境和深厚的人文历史等资源，整合生态景观、历史文化、民俗节庆、农耕文明等元素，发展乡村旅游业，获取旅游收入。如江苏徐州市丰县凤城街道海子崖社区规划建设 1000 多亩“三园一方”（葡萄园、石榴园、樱桃园、科学苗木千亩方）高效生态园，每年吸引采摘游客 4 万余人，2018 年村集体经济收益达 65 万元。四川广汉市三水镇友谊村将 200 余亩集体建设用地和 380 余亩鱼塘入股水玲珑、欢乐水世界等 14 家企业，分享企业发展乡村旅游经济的红利，2019 年村集体收入达 130 万元。广西梧州市长洲区泗洲村兴办旅游开发有限公司，将民宿、创作、饮食等多种功能汇于一体，开发腊味坊、农家乐、游艇观光等乡村旅游项目，2019 年村级集体资产总额达到 5800 多万元，集体收入接近 100 万元，农民人均收入 1.67 万元。

（四）产业融合型

农村集体经济组织通过要素重组、价值深挖、产业联体，大力发展高效特色农业、休闲观光农业、健康养生等新产业新业态，推动三产深度融合，发挥集体在经济、社会、生态和文化等方面的独特作用。如北京密云区巨各庄镇蔡家洼村发展花卉产业，推出鲜花酱、鲜花饼等特色产品，打造中国美丽田园花海景观，提供婚庆配套服务，形成“农业园区化、园区景区化、农旅一体化”的集体经济发展模式。2019 年，接待游客 37 万人次，带动 1700 余名村民就地就业。上海宝山区罗泾镇塘湾村引入馨月汇公司，打造母婴康养村，种植优质水稻，生产适合母婴食用的米粉；种植观赏花卉和食药兼用型中草药，发展花海和科普园；改造集体存量物业，打造康养中心。2020 年，塘湾村集体收入达 474 万元。

（五）资本收益型

农村集体经济组织整合自有资金、自筹资金、财政项目资金等，向企业、合作社入股获取股金分红，或分享各级政府支持经济薄弱村发展的基金运作收益。如河南新乡市封丘县应举镇东大村以 160 万元入股正兴农牧有限公司的育肥羊养殖项目，每年增加集体收入 16 万元。甘肃兰州市榆中县甘草店镇咸水岔村将财政资金 90 万元入股榆中芳美肉牛养殖专业合作社，约定每年的收益率为 8%，获得股金分红 7.2 万元。浙江台州市三门县整合省以上财政补助资金 1500 万元、县级配套资金 200 万元及村集体自筹资金，设立集体经济薄弱村扶持基金。该基金设立 6 年来，共得利息收入近 1100 万元，向 38 个无区位优势、无资源优势的集体经济薄弱村分红 1025 万元，各村每年集体收入增加 5 万元左右。

（六）抱团发展型

不同村集体经济组织突破资源和地理位置限制，从“单打独斗”转向“抱团联合”，通过村村联合、村企共建、结对帮扶等方式，实现资源共享、优势互补、共同发展。如上海奉贤区打造“百村实业”共建共育共享平台，100 个集体经济薄弱村每村出资 10 万元注册成立百村实业有限公司，购置优质物业项目，2020 年每个村分得 100 万元。浙江省金华市婺城区发展小微企业创业园项目，总投资 1.28 亿元，其中，国有资本 6000 万元，85 个村利用财政资金和自筹资金入股6800万元，吸引10个左右汽摩配小微企业入驻，园区每年租赁收入1000万元，每个村每年收入5万元以上。河南濮阳市范县孙庄村利用财政扶持村集体发展资金160万元，与河南五谷津美食品有限公司联合发展，合资创办食品加工厂，生产春卷、洋葱酱等食品，年产量达5000吨，利润的10%归村集体。

三、发展新型农村集体经济必须把握好的关键点

发展新型农村集体经济是一项长期性、系统性任务，不能急于求成，更不能好大喜功，既要尊重农民发展集体经济的意愿，又要筑牢制度防线避免集体资产流失，更要把握好进度，保持足够的历史耐心。

（一）守住底线尊重意愿

改革的底线之一是不管怎么改，都不能损害农民的利益。发展新型农村集体经济是深化农村改革的题中应有之义，要切实强化底线思维和红线意识，处理好集体与农民以及其他经营主体之间的关系，防止本地巨头、外来资本借帮助发展集体经济之名侵吞农民集体资产。发展哪些产业、何时发展、采用什么发展方式等，都要充分尊重农民意愿，防止基层政府和集体经济组织忽视村情民情，强行把农村集体经济推上脱离客观实际的发展路径。

（二）因地制宜有序推进

我国有50多万个行政村，各村村情不一，资源禀赋、产业基础、市场条件、人文环境等都有或大或小的差异。发展新型农村集体经济，要立足地理区位、资源要素、市场容量等确定主导产业，宜农则农、宜工则工、宜商则商，选准产业介入关键环节，加快将区位优势、资源优势转变为产业优势。支持新型农村集体经济发展要有序有度，把握好时间、速度和效果；坚持看准了再发展，量力而行，循序渐进，不搞“一刀切”，不盲目定指标、下任务，防止运动式推进。

（三）汇聚多元主体力量

新型集体经济发展是系统工程，不能单单依靠集体经济组织自身的力量，要做好产业发展规划，优化营商环境，结合乡村振兴战略实施谋划和储备一批优质项目；充分调动农民与集体经济组织的积极性，使其成为提供资源要素、对接市场主体的重要力量；引进一批信誉好、市场开发能力强、产品销售渠道广的经营主体，与新型集体经济组织深度合作，实现资金、技术、人才等要素优化配置；发挥好财政资金的撬动作用，带动社会资本和金融资本参与集体经济发展。

（四）互利共赢防范风险

新型农村集体经济发展壮大是多方力量联合与合作的成果，发展红利理应由各方主体合理共享，要在农村集体经济组织和其他主体之间构建起紧密的利益联结机制和风险防范机制。开展集体经济发展产业风险评估，做好集体经济组织持有股权的价值评定，对经营主体进行资格审查，重点防范集体土地流转风险，明确收益分配方式，推动各方在平等互利的环境下共享集体经济发展成果。加快健全集体资产监督管理体系和集体产权交易市场体系，推动村集体资源资产管理公开透明、交易规范高效，确保集体和农民获得稳定收益。

新型农村集体经济的十"化"特征

何安华　李　竣　黄　雨

我国农村集体经济始于20世纪50年代的农业合作化运动。2016年，"新型集体经济"概念首次出现在中央层面的文件中，2021年中央一号文件明确指出要"发展壮大新型农村集体经济"。那么，相较于过去的农村集体经济，新型农村集体经济究竟"新"在哪里？我们认为，新型农村集体经济是以农村集体产权制度改革为基础，只有集体资源资产的权属清晰了，发展农村集体经济的激励机制才能真正建立起来。同时，新型农村集体经济是适应市场经济要求并融入市场经济的，必须遵循市场规律，在竞争中发展壮大，引领农民走向共同富裕，实现多方共赢。基于此认识，总结出新型农村集体经济的十"化"特征。

第一，清产核资清晰化。开展集体资产清产核资，既摸清了集体家底又显化了潜力后劲，农村集体经济有了一本"明白账"。按照2016年12月中共中央、国务院印发的《关于稳步推进农村集体产权制度改革的意见》要求，从2017年开始，力争用3年左右时间基本完成集体资产清产核资。截至2019年底，全国共清查核实集体账面资产6.5万亿元，其中经营性资产3.1万亿元，非经营性资产3.4万亿元；集体土地总面积65.5亿亩；集体所属全资企业超过1.1万家，资产总额1.1万亿元。归属农村集体的资源资产"底清账明"，家底现状一清二楚，增加集体收入的方向也就有了研判依据。

第二，成员确认规范化。成员身份的确认是农村集体产权制度改革的关键，回答了农村集体经济"为谁发展"的核心问题。各地按照尊重历史、兼顾现实、程序规范、群众认可的原则，因地制宜、因村施策甚至因组施策，制定了集体成员身份的取得、确认、丧失的具体标准，对外嫁女、入赘男、新生儿、服刑人员、服兵役人员、在校大学生、回乡退养人员、农转非人员等特殊群体的成员身份确认做出了原则性规定，做到不漏一户不掉一人。截至2021年4月，全国共确认集体经济组织成员9亿人。集体成员身份的精准确认和资格得失规范管理，解决了农村集体经济组织成员与村民、农民三者混为一谈的问题，避免了成员集体权益“两头占”或“两头空”，提升了成员来自集体的物质利益和民主权利获得感。

第三，集体资产股权化。将集体经营性资产以股份或份额形式量化到人、确权到户是成员参与集体收益分配的依据。有的地方因集体经营性资产较少，在集体产权制度改革中开展集体资源性资产的股份合作，以虚拟股份形式确权给成员。股权设置上，各地按照中央要求，以成员股为主，原则上不设置集体股，综合考虑承包地面积、家庭人口、劳动积累贡献等多种因素，设置了基本股、劳龄股、村龄股、土地股、贡献股等多种股份形式，形成了“1+X”多种配股模式。股权管理上，多数地方探索实行了“量化到人、确权到户、户内共享、长久不变”的静态管理模式，少数地方根据实际采用了数年一调整的动态管理模式。成员有股权证，按股分红，实现了“人人有份、人人有”。

第四，组织法人特别化。农村集体经济组织是发展农村集体经济的有效载体。2017年，第十二届全国人民代表大会通过的《中华人民共和国民法总则》第九十六条规定，“机关法人、农村集体经济组织法人、城镇农村的合作经济组织法人、基层群众性自治组织法人，为特别法人”。2020年通过的《中华人民共和国民法典》明确农村集体经济组织是一类特别法人，依法取得法人资格。截至2021年4月，全国有50多万个村领到农村集体经济组织登记证书，有了统一的“身份证”。少数省份已经出台农村集体经济组织条例等地方性法规或地方政府规章，指导农村集体经济组织的管理和运营。针对当前农村集体经济组织是特别法人却没有与之相匹配的税收、金融、土地使用等政策优惠规定的问题，农业农村部等有关部门正在加快推进农村集体经济组织立法，积极完善配套政策。

第五，内部治理制度化。农村集体经济组织制定了符合自身实际的组织章程，引入了现代法人治理结构，建立起由股东选举形成的成员（代表）大会、理事会、监事会“三会”组织架构和运作机制。集体经济如何发展不再是一个人或少数人说了算，而是体现了民主管理的集体决策。集体成员有更多渠道行使知情权、参与权、表决权、监督权等民主权利，也有更强动力参与到集体经济发展中来，他们的集体认同感明显增强。通过健全内部治理，农村集体经济组织逐渐实现用制度管好钱、管好事、管好人。集体经济发展较好的村庄已在积极探索政经分离，它们创办村属企业和引入现代企业制度去运营管理集体资源资产，部分有条件的村聘用职业经理人专事发展集体经济。

第六，资产管理数字化。应用数字技术对农村集体“三资”实行信息化管理是新型农村集体经济发展的重要阶段性特征。随着农村改革的深入和数字乡村时代的到来，为堵住集体资产流失漏洞，江苏、河北等地纷纷建立健全农村集体“三资”监管制度，搭建农村产权信息化管理平台，逐步实现集体“三资”管理制度化、规范化、信息化。管理平台具有监管和交易两大作用，线上显示集体资产的位置、用途、报价等信息，提供信息发布、查询维护、法律咨询、资产评估、交易流转、产权变更、抵押担保等服务。例如江苏省搭建了“省—市—县—镇”四级联动的产权交易信息服务平台，推动“线上”交易，用户可以在线浏览交易资讯、交易大厅、综合查询、参与竞拍等。集体资产管理数字化实现了“让信息多跑路”、参与方“只跑一趟”，既提高了资产交易效率又破解了“桌底交易”难题。

第七，产业支撑多元化。发展新型农村集体经济，选准产业很重要。发展比较顺利的村多是以市场效益好的主导产业作支撑，在搞好统一经营和盘活用好集体资源资产上“创新路”。各地坚持宜农则农、宜工则工、宜林则林、宜商则商、宜游则游，深入挖掘乡村潜能，探索出了多元化、多业态、融合化的集体经济产业支撑模式。纯农业村注重盘活农地推进农业适度规模经营，城郊村注重物业经济提档升级，城中村注重探索集体企业转型，广大乡村利用山水田园等自然资源培育文旅、康养、民宿等产业，利用独特气候、农产品资源等发展特色农业，利用集体闲置建设用地兴建厂房、商铺、批发市场等，结合各类主体的生产生活服务需求创办村级经营性服务组织，推动新型农村集体经济的产业多形态多路径发展。

第八，要素配置市场化。新型农村集体经济是对国民经济的有益补充，其运行机制与市场经济要求相适应，市场在农村集体经济组织的资源配置中起决定性作用。2019 年，全国农村集体总收入 5683.4 亿元，比上年增长 15.7%，增速高于同期全国 GDP，村均突破 100 万元。农村集体经济在部分村庄逐渐上升为主要经济增长点，为要素流动提供了空间和去处。随着阻碍城乡要素自由流动和平等交换的体制机制壁垒逐渐松动和破除，人才、土地、资金、产业、技术、信息等各类要素在农村集体经济组织及其企业的流动将会更加顺畅。例如：浙江德清县三林村招引滋农乡旅公司出资 1500 万元共同打造田园综合体；山西长治市振兴村从附近 4 个村流转 6300 亩土地搞特色种植业；浙江安吉县鲁家村用 30 万元年薪招聘职业经理人；等等。这些都是村庄市场化配置要素的具体表现。

第九，经营方式合作化。发展农村集体经济可以一村独立经营，也可以两村或多村合作经营，后者已成为新型农村集体经济的一个重要发展方向。除了村集体与各类市场主体开展合作外，村与村的抱团联合越发普遍，出现了弱村之间的“弱—弱”合作、强村带动弱村的“强—弱”合作、强村之间的“强—强”合作。例如江苏昆山市走上了村级联合发展集体经济的强村新路，探索出突破村域界限配置共享优质资源、多村联合兴建经营性物业载体和兴办集体股份制企业等形式；吴中区 25 个村通过“抱团飞地”方式整合各村闲散小资金异地收购楼宇、商铺等，破解村集体经济发展“土地瓶颈”。众村合作经营，解决了单个村市场竞争力不足的问题，促进了村际要素集聚并产生规模效益，形成了多村共赢局面。

第十，利益联结共赢化。壮大新型农村集体经济是集体经济组织和各类市场主体联合与合作的结果，合作共赢是利益联结的趋势。实践中，村集体与其他市场主体构建了紧密型利益联结机制，发展红利按各方主体的要素贡献合理分配。例如村集体以土地等资源性资产入股的，普遍采用“保底租金 + 二次分红”形式；以财政投入村集体的扶持资金入股的，多采取“保本金 +

固定分红”形式或按股份比例分红。有的村为了吸引人才，招聘职业经理人时探索出了“基本年薪＋绩效奖励”“除本分成”等形式。在集体经济组织内部，集体收益使用是为了平衡分配与积累、分红与福利的关系，分配以成员股分红为主，是否保留集体股、保留多少比例都由成员民主讨论决定，部分省份对集体股的比例上限做了规定，如吉林省是20%、黑龙江省是30%。利益联结机制遵循合作共赢原则，既激发了外部主体参与农村集体经济发展的积极性，又增强了村集体的内部凝聚力。

壮大农村集体经济须在生态产品价值实现上下功夫

秦光远　何安华

壮大农村集体经济是引领农民实现共同富裕的重要途径。不少村庄富集各类生态资源，有学者更是提出要激活乡村数百万亿元“生态资源价值”。但从发展情况看，2019 年全国 55.44 万个行政村中，当年无经营收益的村有 16.0 万个，有经营收益但在 5 万元以下的有 16.01 万个，即 57.7% 的村的经营收益低于 5 万元。一些村庄生态资源优势突出，但村级集体经济实力单薄。发展村级集体经济要以资源资产化利用为基础，以产品市场需求为导向。在全面振兴乡村的热潮中，探索多种形式推进乡村生态产品价值实现，可为壮大农村集体经济蹚出一条生态经济路子。

一、村庄生态产品价值实现的主要做法

（一）核算生态产品价值并与企业开展合作

生态产品供给源于生态资源。2019 年浙江丽水市启动了生态产品价值实现机制试点工作，试点地为景宁畲族自治县大均乡，在全乡范围内量化“绿水青山”，核算出可供产业发展利用和综合保护开发的生态产品总价值 4503 万元，并将其作为生产要素与企业开展合作，参与企业利润分配。伏叶村某村干部激动地说：“我们村集体不用出资，好山好水和好空气就是我们的最大资产！我们把这些生态资源保护好了，就可以持续享受‘生态红利’。”当前，丽水市区域公用品牌“丽水山耕”整合了 629 家优质农产品生产主体，323 个生态农产品效益凸显，年销售额达 108 亿元，产品平均溢价 30%，最高溢价

达到10倍。“丽水山居”因“小而美”“小而精”“小而特”而成为民宿产业的新标杆，其推行“生态价”，“明码标价”生态产品，不仅卖民宿服务，还卖好山好水好空气，累计培育民宿3380家，近三年年均接待游客超2500万人次，累计营收超90亿元。

（二）积极建设美丽乡村催生“美丽经济”

海南省儋州市以村庄规划为引领，促进资源要素有序流动，在利用村庄特色资源上做足文章，重点整治村庄生态环境和人居环境，大力建设美丽乡村，做强美丽经济。石屋村编制《儋州市那大镇石屋村村庄规划（2019—2035）》，引领村庄的产业发展、要素流动、规范建设。该村党支部书记说：“优化升级产业特色，利用闲置农业用地，村里发展起九品莲花、相思茶、山茶油、小龙虾等特色产业。”依据规划，石屋村和海南甘田生态农业有限公司联合创办合作社，一期种植500亩相思茶树，5年扩大到2000亩，每年仅管理费就可为村集体增加收入20万元以上。浙江宁波市江北区毛岙、南联等一批偏远山村盘活村级闲置资源，建成了生态公园、环村登山步道、环湖自行车道等，建设精品民宿，点亮生态乡村“美丽经济”，以农文旅融合引领村级集体经济发展。

（三）以“围村林”模式盘活村庄林业资源

河南省上蔡县将国土绿化提速行动与生态扶贫、壮大农村集体经济有机结合，采取“合作社＋农户”模式，在全县433个行政村建设“围村林”，形成“区域增绿，集体增强，农民增收”多重效应。各乡镇（街道）把每村不少于100亩的“围村林”作为村级集体经济项目，形成“一村一品、一村一景、一村一韵”的林业产业发展新格局，创新构建“一林三收”利益联结机制，即农户发展林下经济获得收益、安排生态公益岗位赚取工资、村集体获得林木生态资产和财政补贴收入。截至2020年底，上蔡县共建设5.3万亩“围村林”，发展各类林下经济3万多亩，选聘871名贫困家庭劳动力从事生态护林员公益性岗位，带动2.4万户农户实现稳定增收。一处处“围村林”成了上蔡农村的“生态屏障”和广大群众持续增收的“绿色银行”。

（四）招才引智专业化经营乡村生态资源

壮大农村集体经济需要人才支撑，特别是专业化的各类人才。浙江省的一些村庄面向全国招才引智开发利用乡村生态资源，用“产品思维”为村级集体经济发展赋能。2019 年 3 月，淳安县下姜村招聘乡村振兴职业经理人，开启了农村职业经理人打理村级集体经济的新探索。随后，绍兴市发出“乡村振兴先行村”“村庄运营团队”招募公告，在 2021 年至 2023 年，每年将集中力量、集中资源重点打造一批有绍兴辨识度、有发展增收能力、有引领带动作用的“乡村振兴先行村”，2021 年面向社会招募首批 13 个培育村的“村庄运营团队”和“村庄运营师”。运营团队依托村庄生态资源去打造旅游产品和开展市场营销，本质上是将村庄整体作为一个系统化产品来运营，为村级集体经济发展注入了新动能。

二、村庄生态产品价值实现存在的问题及建议

（一）对通过生态产品价值实现去壮大村级集体经济的认识还不够充分，生态产品价值核算仍存在分歧，生态产品的补偿机制和交易制度有待完善

有些农村带头人没有充分认识到生态资源价值，忽视了生态资源中蕴含的经济价值和社会价值，缺乏价值转化思维。农村提供生态产品获得生态补偿的来源单一、方式单一、资金不足，大部分生态产品的供给并未纳入生态补偿体系之内。生态产品的交易市场和交易制度还不完善，多数生态产品存在“难度量、难抵押、难交易、难变现”问题，直接影响了生态产品的市场化交易。建议加强宣传培训，分批分类为乡村干部、集体经济组织带头人等主体提供生态产品价值实现方式培训。鼓励以村庄为单位开展生态资源价值评估，摸清各村的生态资源“家底”。探索根据村庄的生态产品供给水平，为村级集体经济发展项目提供金融支持。根据生态产品属性分类开发，以直接产品带动间接服务，撬动整个村庄的生态产品价值实现。

（二）部分村庄缺少由“绿水青山”向“金山银山”转化的生态资源价值实现总体设计和路径策略，对壮大村级集体经济尚未形成有效支撑

因受资金约束，有的村庄还没有开展村庄规划编制，有的村庄规划的针对性、有效性和落地性不强，还有一些村庄规划是侧重有形物质产品设计，对生态资源、生态产品考量较少，“绿水青山就是金山银山”在部分村庄的转化机制和渠道上相对单一。建议市县有关部门加强指导村庄编制规划，支持科研院所和村庄开展校地合作，从规划层面指导生态资源价值实现探索。选择生态资源富集的村庄，由市县政府和村庄签订生态产品采购协议，鼓励村庄大胆创新生态产品价值实现形式和路径。建立村庄生态资源价值实现奖励机制，对示范村实施末位淘汰制和进入申请审核制，保持村庄探索生态资源价值实现的活力和可持续性。

（三）生态产品价值实现的产业链条短，生态产品开发的深度有待延伸、广度尚需拓展，产业形态多元化需进一步探索

以“围村林”开发利用为例，不少村庄主要停留在“围村林”的林木种植、林间林下复合种养等产业链前端，对生态产品的加工、储藏、运输、销售、品牌建设等附加值高的环节参与较少，其原因一方面是村集体经济实力不够强大，另一方面是村干部对生态产业链的认识仍较局限。在生态资源开发上，农村集体经济组织和其他市场主体偏重有形物质产品供给，忽视了服务类生态产品开发。建议支持村集体经济组织与社会资本开展多种形式的合作经营，复合开发生态资源，延伸产业链条，探索将生态资源价值增值的主要环节留在村内，实现外部利润内部化和增加集体经济收入。大力推进以林业产业为基础的一二三产业融合发展，改善生态环境，增加生态产品供给，重点支持生态旅游、森林康养、农耕文化、农事体验等新兴业态。推动乡村生态从平面资源开发向空间资源立体开发转变，通过“生态产业化和产业生态化”重构新型农村集体经济。

（四）多数村庄的集体经济实力不强，难以引进和留住生态产品价值实现的专业化职业化人才，人才支撑面临较大挑战

当前，农村集体经济发展呈现出强者愈强、弱者愈弱的现象：集体经济较强的村庄，能以优厚待遇吸引到更多管理和技术人才，进一步壮大了集体经济；集体经济较弱的村庄，不仅较难吸引优秀人才加盟，还面临本村人才流失的问题，发展壮大集体经济极为困难。但是，很多集体经济薄弱村有着丰富的生态资源，它们的生态产品价值实现潜力巨大。建议加强生态产品价值实现的理论和实践研究，开展生态产品价值实现职业人才培训，建立职业人才培养本地化机制，为富集生态资源的穷村弱村借助生态产品价值实现“弯道超车”提供人才支撑。对生态产品价值实现的职业人才探索“县（市）聘、乡（镇）管、村用”模式，充分授权，鼓励团队化运作。选择条件成熟的村庄先行试点，明确政府、村庄和经营团队的责任清单、权利清单和收益分享机制，力促生态产品价值早见实效。

江苏省发展农村集体经济的三大做法：强内治、展业态、重合作

何安华　倪坤晓　张哲晰

江苏省的农村集体经济起步早、发展快、总量大。截至2018年底，江苏全省农村集体经营性收入为325亿元，村均184万元，都位居全国前列。如何发展壮大农村集体经济？江苏省进行了许多探索，可总结为三大做法：集体资源资产增量提质、因村制宜发展多种业态和探索创新合作经营方式。

一、强内治：集体资源资产增量提质

（一）综合治理“做多”集体资源

主要做法是：1. 探索农户宅基地自愿有偿退出。宅基地复垦后纳入村集体资产。如盱眙县霍山村650户农户自愿有偿退出宅基地，复垦耕地1100亩，每年土地租赁收入70万元以上。2. 规范村集体资源发包。清查资源承包合同，取消不规范或低价交易合同，通过农村产权交易平台进行公开透明化交易，实现资源溢价。如灌南县堆沟港镇五队社区公开发包村集体资源，溢价增收28.8万元。3. 连片流转农户承包地。村集体统一流转整理农户的承包地，将田埂、机耕路、小型灌溉沟渠等改造成耕地，新增耕地作为集体资源，一般可溢出土地5%~10%。4. 治理公共空间盘活荒地。结合村庄环境整治，重点盘活河道、道路控制区和“四旁四荒”地。如邳州市治理公共空间共梳理出集体土地18万亩，各村集体年均可增收18.1万元。

（二）高效利用集体资源资产

主要做法是：1. 推进高标准农田建设。村集体统一经营新增土地、统一运营配套生产设施、统一管理项目补助资金，全方位拓宽增收渠道。2016—2019 年，南通市的土地租金亩均增加 150 元，农业生产设施出租等资产性收入增加 1065 万元，各村年稳定增收 20 万元以上。2. 升级改造存量资产。如丰县中阳里汇丰社区 2018 年投入 200 余万元升级改造集体所有的美食城，建成面积 1500 平方米的蔬菜交易市场，带动 200 多人就业，每年可增加集体收入 40 多万元。3. 招商引资活化废旧厂房场地。如南京市江宁区牛首社区将 58 亩废旧厂区出租给浙江大学网新公司，打造秣陵九车间文化创意园，已入驻 60 多家高新技术企业，社区集体每年固定获得 800 万元租金。

（三）多种方式新增集体资产

通过本地新建、收购或发展飞地经济的方式增加集体资产。主要做法是：1. 支持村集体购买经营性资产。2016—2018 年，宿迁市市级以上专项扶贫资金中有 3.07 亿元用于支持省定经济薄弱村购买或建设门面房、厂房等，村均增加固定资产约 163.5 万元。2. 集中居住区配套集体资产。在集中居住区规划配套商业街、标准厂房、专业市场等，由村集体统一经营或租赁经营，增加村集体经营性收入。3. 发展“飞地经济”破瓶颈。苏州市吴中高新区的 25 个村（社区）参与“抱团飞地”项目，跨出高新区范围收购优质资产 53 万多平方米、811 亩土地，物业载体面积达 77.7 万平方米，预计每年带来 1.49 亿元租金收入。

二、展业态：因村制宜发展多种业态

（一）发展资源资产租赁产业

有的村（社区）对外发包未承包到户的集体土地、四荒地、山林等资源，或者受农户委托流转土地赚取服务费。如南京市浦口区后圩村发包养殖水面和农户委托流转土地超过 1 万亩，村级发包收入约 561 万元，占村级总收入的 82%。有的村（社区）投资建设或购买后出租标准厂房、商铺、办公楼宇等，发展楼宇经济物业经济。如南京市江宁区骆村社区有工业园、经济楼宇及门面房等 8 万平方米，集体资产达 3.3 亿元，其中经营性资产 2.84 亿元。城郊型村庄发展楼宇经济物业经济的比较优势明显。

（二）发展乡村休闲产业

有的村（社区）把农户的承包地流转到村集体，统一经营发展高效特色农业、休闲观光农业等。例如南京市江北新区落桥社区发展葡萄产业，江宁区石塘社区、彭福社区发展“金花村”休闲旅游产业，浦口区前陈庄村发展温泉民宿，溧水区傅家边社区发展草莓、蓝莓采摘产业等。

（三）发展服务输出产业

有的村（社区）利用靠近开发区、农业园区、大型居住区的优势，成立服务团队或公司，为企业、园区、居民小区提供各种生产生活有偿服务。例如南京市江宁区泉水社区组建拆迁公司服务园区，六合区竹墩社区成立专业绿化养护团队承接政府和企业的绿化养护业务，溧水区石湫镇社东村组建劳务公司服务园区企业，高淳区椏溪镇瑶宕社区组建劳务公司服务国际慢城，等等。

（四）发展集团化综合产业

有的大村强村采取集团化经营方式发展集体经济，将集体收入和集团效益挂钩，推动村庄向中小型城镇演进。如南京市高淳区古柏镇武家嘴村由村集体出资成立南京武家嘴集团，集团经营范围覆盖内河沿海运输、船舶制造与维修、生态休闲农业、地产商贸、酒店金融、文化教育、养老医疗、油气经营等多个领域，2019 年村级总收入 6424 万元。

三、重合作：探索创新合作经营方式

（一）开展农地股份合作

该经营方式可缓解“谁来种地”困境，实现农民土地财产权益和增加村集体经营性收入。例如泗阳县鼓励村集体以集体机动地或资金入股领办村级土地股份合作社，农户以承包地入股，探索聘请职业经理人经营、委托大户经营、村干部分包经营模式，累计建成土地股份合作社 47 家，村居覆盖率达 40%。该种合作经营方式多适用于农业型村庄。

（二）开展全产业链服务

有的村（社区）将服务内容向农业生产的前端和后端延伸，提供农业全产业链服务而增加集体收入。例如淮安市淮安区丰年村在依托合作社开展农业规模经营外，还建设粮食烘干中心、高标准工厂化育秧中心等服务中心，增加现代农业服务收入。苏州市南丰镇永联村除建设现代农场、农耕文化园外，还兴建粮食加工厂，合资组建物流配送公司，将粮食、蔬菜等配送给周边工厂、学校、餐馆，拓展和延伸产业链，实现经营收益内部化。

（三）生产要素入股分红

有的村（社区）整合土地、资金、厂房设备等要素，对外投资入股获取稳定收益。例如铜山区张集镇孙湾村盘活集体预留地、四荒地和失去耕种价值的废地，以土地作价入股企业，村集体每年获得分红 30 多万元。还有一些村（社区）将财政帮扶资金入股企业获取分红收益。

（四）众村抱团联合经营

为打破资源、空间发展瓶颈，区镇范围内的村（社区）探索出抱团发展集体经济的新路子，主要包括突破村域界限配置共享优质资源、众村联合兴建物业载体和兴办集体股份制企业等形式。较典型的如昆山市张浦镇 22 个村社共同投资成立昆山市乐浦强村投资发展有限公司，采取“强村公司＋德国工业园”发展模式，投资运作商业资产和开发运作工业资产，各村社投资但不参与经营，入股资金的年均分红率不低于8%。众村抱团合作既有“强强联合”，又有“强弱联合”，还有“弱弱联合”。

关于山东省农村集体经济发展情况的调研报告

黄　义

习近平总书记指出，要把发展壮大农村集体经济作为基层党组织一项重大而紧迫的任务来抓，着力破解农村集体经济发展难题，增强基层党组织的凝聚力，提高农村党组织服务群众的能力。基于2022年7月31日至8月6日在山东省5市9县16村的实地调研，选取部分乡镇、村进行蹲点解剖麻雀，实地了解集体经济发展现状，对2022年以来山东省农村集体经济发展情况进行摸底调查、梳理分析，形成调研报告如下。

一、2022年1—8月山东省农村集体经济发展总体情况

2022年1—8月，山东省实现农村集体经济总收入204.7亿元，村均集体经济收入达到37.1万元。其中：5万元以下的村有1.12万个，占20.3%；5万~10万元的1.15万个，占20.8%；10万~50万元的2.45万个，占44.4%；50万~100万元的4551个，占8.3%；100万元以上的3425个，占6.2%。村均集体经济收入排名靠前的5个市，分别是青岛（217.58万元）、淄博（55.85万元）、临沂（49.14万元）、日照（43.65万元）、东营（43.64万元）。

从农村收入来源看，全省农村经营性收入61.37亿元，占30%；发包及上交收入61.26亿元，占29.9%；投资收益9.1亿元，占4.4%；其他收入72.98亿元，占35.7%。其中：①经营性收入中，村集体通过集体所有的仓库、厂房、大棚、农田水利等生产性设施经营或租赁获得的收入为51.61亿元，占84.1%；通过销售农产品等收入1.85亿元，占3%；通过房屋、机械等固定资

产出售收入1.81亿元，占2.9%；开展服务活动收入2.8亿元，占4.6%。②发包及上交收入中，农户或承包单位因承包村集体农用地、林地、果园、鱼塘等上交的承包费为51.51亿元，占84.1%；村办各类实体上缴利润1.27亿元，占2.1%。③投资收益中，投资股票、基金、债券等理财产品等获得的收入为0.72亿元，占8%；投资入股分红收入5.33亿元，占58.6%。④其他收入中，银行存款利息收入6.61亿元，占9.1%；捐款收入1.74亿元，占2.4%，征地补偿收入（集体部分）39.1亿元，占53.6%；通过收取水费、卫生服务费，争取奖励资金，废品处理等其他方式获得的收入为25.5亿元，占34.9%。

二、主要做法

近年来，山东省各级党委政府认真学习贯彻习近平新时代中国特色社会主义思想，把发展壮大农村集体经济作为抓党建促乡村振兴的重要抓手，积极探索创新，狠抓工作落实，农村集体经济发展取得明显进展和成效。

（一）各级政府对集体经济发展认识不断深化

随着农村集体经济的持续发展，各级政府对这项工作的认识越来越深、重视程度越来越高。调研中大家普遍认为，农村集体经济是社会主义公有制经济在农村的重要体现，涵盖党组织与各类组织、集体与群众、组织与市场等多重主体、多种元素，必须发挥党组织领导作用，将“有为之手”与“无形之手”相结合，走好共同富裕道路。一是政治站位不断提升。各级党组织更加注重从政治上看待农村集体经济发展问题，加强统筹谋划、系统设计，推动市、县、乡、村纵向联动，推动组织、农业、财政等职能部门横向同心，统筹资源、协同用力，形成集体经济发展“一盘棋”。二是抱团理念不断增强。避免党支部“自弹自唱”发展模式，将群众与集体紧密联结在一起，通过探索党组织领办合作社等形式，建立集体与群众利益共享、风险共担的经济共同体，把群众组织起来、发动起来，让农民最大限度地分享全产业链增值收益，形成党组织引导、农民主体、社会参与的“大合唱”。三是市场思维不断强化。适应当前市场经济发展趋势，充分发挥市场配置资源的决定性作用，通过发展产业项目、提供社会服务、开发利用资源等方式，让村集体进入市场经济大潮，在市场经济“游戏规则”下有序参与竞争，在竞争中不断壮大。

（二）集体经济发展路径不断拓展

各地适应市场经济发展要求，因地制宜激活农村各项生产资源要素潜能，丰富集体经济实现形式，构建符合农村实际和市场经济要求的运行新机制。一是更加注重资源开发。抓住农村集体产权制度改革契机，通过清产核资、物业开发等，盘活集体资产资源，“变废为宝”“点石成金”，将资产资源优势转化为经济优势、发展优势。青岛市探索组建国有农业公司和共富公司，破解乡村公共资源散乱、利用低效等问题。二是更加注重产业发展。产业是财富之源、发展之基。通过龙头企业带动、合作组织拉动、产业融合互动等方式，提升产业质量、拉长产业链条，推动产业集约化、规模化发展。德州市探索推进农用地规模经营、闲散废弃地盘活利用，发展现代种养业、乡土特色产业、物业产业、乡村服务业。三是更加注重组织群众。近年来，山东省推行村党组织领办合作社，将一家一户的农民组织起来，发展适度规模经营，统一进行生产经营、提供服务、对接市场，推动了集体和群众“双增收”。临沂市探索构建“县区总社、乡镇联合社、农村合作社”组织体系，济宁市推行村党组织领办合作社联盟，这些措施都有效推动了村党组织领办合作社高质量发展。四是更加注重抱团发展。通过村村联合、村社联合、村企联合等方式，整合优势资源要素，合纵连横、取长补短，形成众筹合力，变“单打独斗”为“抱团发展”。沂南县针对城区村有资金无土地、城郊村有土地缺资金等问题，由国有公司搭台，引导村居打破地域界限，实现跨村发展、难题互解。

（三）资源要素向农村不断倾斜

各地坚持“输血”与“造血”并重，推动更多的资源和要素向农村聚集，形成“众人拾柴火焰高”的良好局面。一是强化资金扶持。全省部署实施财政资金扶持壮大农村集体经济工作，从2019年至2021年共扶持4476个村1572个集体经济项目，2021年共取得净收益2.77亿元，村均增收6.2万元。创新推出“强村贷”业务，通过政府增信、财政贴息、降低门槛和费率，解决村党组织领办合作社融资难、融资贵问题，累计发放贷款15.5亿元。二是强化智力支持。整合第一书记、驻村干部等各类人才资源，推动工作力量下沉。引导县乡党委政府搭台，定期组织专家、专业技术人员到农村一线，提供技术服务、指导产业升级，推动集体项目发展。济南市选聘“乡村振兴工作专员”，菏泽市开展“回引优秀人才助力乡村振兴”活动，引导支持老乡企业家、专家学者、技术人才等返乡担任“挂职村书记”“挂职村主任”，助力农村集体经济发展。三是强化责任落实。将集体经济发展纳入乡村组织振兴工作考核、市县乡党委书记抓基层党建述职评议考核，持续压紧压实责任。枣庄市连续两年将壮大集体经济作为市委书记抓基层党建突破项目，上下联动谋划推动。

三、存在问题

（一）部分基层干部对集体经济发展投入精力不够

有的乡村干部满足于让村里增收几万元钱，过关即可，有的村干部怕担风险、怕闹乱子，认为村里资源匮乏，生产方式落后，没有特色产业，找不到合适发展路径，存在“等、靠、要”思想，将农村发展的希望寄托于上级扶持，自己缺乏主观能动性。

（二）干部队伍能力素质与发展需求不匹配问题突出

农村青壮年大量外出，客观上造成了一些村干部年龄偏大、学历偏低、能力偏弱。由于缺少对农业、土地、金融等专业知识的掌握，部分基层干部想干却不会干、想干却干不好。此外，农经工作人员数量不足、能力不够现状，与日益繁重的农村集体经济发展指导监管任务不相适应。

（三）提升农村集体经济发展质量和活力任重道远

主要表现：产业支撑作用不足。一些村集体经济收入主要靠土地发包、资产资源租赁，集体经济产业层次低、规模小、品牌弱，竞争力不强。调研的 5 个乡镇（街道）中，有 64.9% 的村集体仅靠土地发包或资产租赁增收。发展不平衡问题突出。自然环境、地理位置、资产资源等客观因素对集体经济发展影响较大，城郊村、有资源的村集体经济明显要好，但位置偏远、资源贫瘠、土地较少的村，集体收入总量较小、来源单一、收入不固定等问题较为明显。农村资源资产潜力仍待挖掘。调研中发现，村里多多少少都有一些机动地、山林、河滩等集体资产资源，但一些村由于历史原因而管理粗放，资产没有发挥最大效益。还有一些村存在不少残垣断壁和废旧宅基，既影响村庄环境，又挤占集体经济发展空间。需要县、乡、村三级上下一心，组织、农业农村、公安、法院等部门共同参与，“三资”才能真正“清得彻底”。

（四）政策扶持还需要持续用力

比如，金融部门规定村集体流转村民的土地经营权、集体建设用地使用权，村集体投资形成的不动产和经营性固定资产等可以抵押贷款，但商业性金融机构积极性普遍不高，经常设置种种门槛和限制，加之手续复杂，农村集体经济组织很难贷到款。调研中基层提出，一些加工、仓储、物流等占地规模小、分布零散但群众需求高的生产经营类“小项目”对集体经济发展、群众增收的贡献度并不低，但在当前建设用地指标普遍紧张情况下，“小项目”用地保障较难。

四、对策建议

当前和今后一个时期，推进农村集体经济发展，要坚持以习近平新时代中国特色社会主义思想为指导，深入学习贯彻党的二十大精神，认真落实习近平总书记对山东工作的重要指示精神，积极适应实施乡村振兴战略的新形势新任务新要求，以实现富民强村、巩固党在农村执政基础为目标，以加强农村基层党组织建设为引领，以推动农村集体经济高质量发展为重点，实施集体经济“万村共富行动”，统筹资源、集中攻坚，引领带动农村组织不断提升自我发展、自我服务、自我保障能力，为推动打造乡村振兴齐鲁样板提供坚强保障。

（一）强化组织领导、压实工作责任

省级层面建立发展壮大农村集体经济专项工作组，发挥农业农村等部门牵头作用，形成各司其职、合力攻坚的工作格局。建立定期沟通协调、通报、会商机制，定期召开会议专题研究农村集体经济发展工作。同时，进一步压实各级党委责任，继续把集体经济发展工作纳入乡村振兴战略实绩考核，纳入市、县、乡党委书记抓基层党建述职评议考核，发挥好考核“指挥棒”激励导向作用。

（二）优化政策供给、强化要素支撑

制定出台关于推进农村集体经济高质量发展的若干措施，加强制度创新和机制引领，围绕土地、项目、资金、金融等方面强化政策扶持，激活集体经济发展“新动能”。一是强化区域统筹。坚持以县为单位全域布局谋划、优化配置资源、区域联动发展，引导各地探索在县级层面成立农村集体经济国有市场化平台公司，统筹整合农村集体资产、财政资金、市场资源等各方面力量，打造具备资源承接、资金对接、产业投资、项目建设、利益共享等多种功能的发展壮大农村集体经济市场平台。引导适合村集体实施的技术要求低、劳动密集型产业项目，通过竞争方式交由村集体承接经营。二是强化财政支持。积极发挥财政资金“四两拨千斤”作用，协调省财政在省级层面整合中央财政资金，设立扶持壮大集体经济发展专项资金，采取项目扶持方式每年扶持一批村发展集体经济项目。对投入集体经济发展项目的财政资金所形成的资产产权，按相应比例划归村集体所有。鼓励地方政府设立集体经济发展基金，撬动金融和社会资本支持集体经济发展。三是强化土地保障。引导市县优先安排符合条件的集体经济相对薄弱村申报农村土地整治项目，对

实施增减挂钩项目、土地复垦项目所产生的收益，督促市县严格按照相关要求，用于村集体经济组织各项事业发展，坚决杜绝县乡挪用。督促县（市、区）统筹安排落实发展集体经济所需用地指标，县（市、区）年度土地利用计划原则上安排不少于 5% 的新增建设用地指标，优先保障乡村重点产业和项目用地。四是强化金融助力。协调金融部门，加大集体经营性项目贷款投放力度，鼓励金融机构探索对政府介入并符合贷款准入条件的村集体经营性、服务性项目按贷款市场报价利率（LPR）提供贷款，开通绿色通道，贷款合同期内实行“无还本续贷”。持续优化“强村贷”等金融产品，支持村党组织领办合作社发展。五是强化人才支撑。持续优化农村带头人队伍建设，以村党组织书记擂台比武为抓手，引导村干部干事创业、担当作为。建立村党组织带头人常态化培训机制，探索以县为单位建立乡村振兴特派员制度。鼓励引导县乡通过政策扶持、搭建平台，吸引致富能手、外出务工经商人员、本乡本土大学生等优秀人才回村创业，担任村集体经济组织职业经理人或管理人员。

（三）注重探索创新、拓宽增收渠道

坚持把提高产业发展质量摆在首位，引导各级聚焦统一经营服务、盘活集体资源资产、发展股份合作，大胆探索创新实践路径，将乡村土地、生态、空间、文化、劳动力等资源优势转化为产业发展效益。一是深化村党组织领办合作社。持续推进村党组织领办合作社联合社建设，推动资源共享、抱团发展，提高合作社发展质量。探索推行“党组织领办土地股份合作社 + 全程托管”模式，推动农业适度规模经营。鼓励引导以村党组织领办合作社为基础，加强与农业龙头企业、商超、电商等经济主体合作，拉伸农业产业链条，完善利益联结机制，提高合作社生产经营水平和抗风险能力。对不符合领办标准、运行不规范、效益低下的合作社，及时规范清理。二是推动抱团共同发展。实施村党组织“跨村联建”，以党组织联建推动区域内资金、土地、信息、人才等资源的优化配置，扩大规模效益、抱团做强特色产业。探索发展“飞地”经济，鼓励各地依托基础好、有前景的园区、开发区、特色小镇、小微企业园等平台，打破行政界限和资源要素流动壁垒，以市场化为导向，引导村集

体发展“飞地”项目。探索开展“村企联手促增收”专项行动，组织有适合产业项目、有拓展生产需要、有良好社会形象的农业产业化龙头企业、国有企业等，与村党组织精准对接，通过村企共建农产品基地、发展订单农业等方式，把生产线延伸到田间地头，实现集体增收、群众致富、企业发展、产业做大的有机统一。三是强化资源开发利用。在全省组织农村闲散废弃地盘活利用，提高资源资产使用效益，推动由资产管理向资本运营转变。建立农村“三资”常态化清理整顿机制，每年至少组织开展一次清理整顿工作，并将之纳入县级巡察范围，发挥乡村公共空间资源最大效益。探索通过村党组织领办合作社或公司等形式，统筹整合区域内产业资源、劳动力资源等，承接公共财政投入项目，开展现代农业、物业管理、小型乡村工程、基础设施维护等经营项目。

（四）坚持问题导向、完善制度机制

一是完善工作推进机制。在全省开展农村集体经济发展建档立卡，依托全省集体经济发展系统平台，逐村摸排掌握实际收入、现有资产、可用资源、开发价值等情况，逐村制定集体经济发展目标、发展措施。各级党委借助全省集体经济发展系统平台，加强日常工作指导，特别是对集体经济相对薄弱村进行重点督导，实时掌握发展情况，线上线下结合推动工作落实。二是健全资产监管机制。严格落实农村财务审计制度、集体资产和财务管理公开制度等规定，坚持和完善“村财镇管”管理机制，鼓励有条件的地方实行第三方托管。充分发挥村务监督委员会对农村集体资产的监督职能，严格执行村务、财务公开制度。三是健全风险防控机制。建立集体经济发展项目把关和储备机制，加强摸底调查、评估论证，探索多元化的发展模式和增收机制，分散投资经营风险。严格落实农村小微权力清单制度，健全集体资产监管问题移交、定期通报和责任追究制度，严防农村“微腐败”发生。四是完善约束激励机制。进一步细化完善和落实村干部待遇与集体经济发展挂钩制度，制定具体工作办法，充分调动村干部的积极性、主动性和创造性。每年在全省范围内评选表扬一批不同发展阶段、不同发展水平但发展集体经济工作成绩突出的乡村，发挥典型示范带动作用。

基础薄弱地区发展村级集体经济的“七条路”和五个问题：资阳调查

何安华　倪坤晓　庞　洁

我国农村情况千差万别，集体经济发展很不平衡，尤其是脱贫地区，集体经济基础非常薄弱。四川省资阳市村级建制调整前有1988个村，2019年全市农村集体经济总收入为2.79亿元，村均14万元，总体上，资阳市村级集体经济发展滞后，谁来发展、怎么发展、如何激活等问题亟待破解。如果照搬其他地区发展集体经济的常规模式或路径，不仅无法规避同质化严重的竞争局面，难以实现“弯道超车”，还可能滑入“贫者越弱”的陷阱。正因如此，基础薄弱地区必须立足本地资源禀赋，开阔思路，另辟蹊径，方可闯出既适应市场需求又符合群众利益的集体经济发展路子。

一、有关积极探索

（一）围绕“地”，多元化经营农地或收取管理服务费用

农地是村社发展村级集体经济的主要资源，利用集体机动地、从农户手中流转承包地并进行整理后再利用、提供农地经营权流转有偿服务等，都是在“地”上做文章为村集体增加收入的举措。大佛镇大堰社区、观音寺村计划争取土地整理项目，由村集体代耕代种村民的撂荒地，集体和土地承包户按照约定方式分享种植收入。高寺镇清水村流转农户55亩地，用项目扶持资金兴建设施大棚并出租，流转费归农户，村集体每年收取大棚租金3.5万元。丹山镇胡家祠村自2017年起使用扶贫项目资金，按每亩每年400元流转本村农户242亩农地种植藤椒，2021年为村集体创收7万元。另外，该村协

助种植大户流转约900亩农地，每亩每年收取10元管理服务费。

（二）围绕“水”，清淤堰塘释放水产养殖和供水效能

资阳市以丘陵地貌为主，河流小溪水网密布，堰塘资源丰富。有的村社因区位优势不明显，不宜集中建设集体经济项目，也难以有效盘活闲置宅基地和农房，其发展集体经济可在堰塘资源上下功夫。大佛镇罗汉寺村有集体堰塘10个，总面积约50亩，计划对堰塘进行清淤、塘埂硬化和引水改造提升，养殖鱼类、螃蟹、小龙虾等，发展水产养殖业壮大集体经济。观音寺村有堰塘30余亩、3个提灌站，计划通过清淤提高堰塘蓄水能力并为周边群众有偿供水。大堰社区拟投资维修垮塌的水渠，通过村集体提灌站为距离河流较远的11个村社提供农业生产用水，收取水费纳入集体经济收入。

（三）围绕“房”，盘活闲置农房和宅基地服务农旅产业

农民市民化和外出务工长期化导致农村的闲置农房日益增多。丹山镇大佛村有宅基地2463处，其中长期无人居住房屋344处、季节性居住房屋265处、空籍户遗留住房57处、宅基地废弃及垮塌370处，分别占13.97%、10.76%、2.31%和15.02%。盘活闲置农房和宅基地为发展村级集体经济提供了可能。大佛村股份经济联合社投资3万元修缮2户农户的闲置住宅，发展石里小酌餐饮项目，村集体每年保底分红2000元。丰裕镇高洞村的村级集体经济组织、国有平台公司、社会资本组建运营公司，分别占股50%、40%、10%，收储农户闲置农房和宅基地13处，发展餐饮、民宿、超市等业态，服务乡村旅游业。

（四）围绕“景”，挖掘景观和文史资源开发旅游经济

有些村社拥有优美的田园风光、自然景观，有些则有着厚重的历史文化、民俗文化资源，它们通过领办创办村级乡村旅游经济实体或引进社会资本联合开发乡村旅游项目，增加集体经济收入。石佛镇荣家沟村确定“湖畔云家，康养水乡”发展目标，打造乡村旅游示范点，成立旅游公司购置20余艘游船，

发展以湖区景观为核心的康养旅游产业。大佛镇二龙村计划以大烂泥沟4~7组的李子园为观赏点，打造李花观赏节，通过投资完善便民步道、公共厕所等基础设施，开办集住宿、餐饮、娱乐于一体的集体所有农家乐。保和镇晏家坝村综合盘活闲置村小校舍和18户农户的共有祠堂，打造乡创学校、三崇堂历史文化博物馆等农旅结合项目。

（五）围绕“钱”，努力开拓现金回流快的生产生活服务

有的村社积极探索发展服务型经济，为各类市场主体提供加工、流通、仓储、劳务等有偿服务，有些服务还延伸到生活领域。忠义镇元坝村为木桐蔬菜专业合作社和化肥公司搭建化肥供销桥梁并收取服务费。大佛镇二龙村拟对全村200亩李子、50余亩魔芋进行统一包装并在网上销售，从销售收入中抽取适当比例的服务费作为集体经济收入。丹山镇大佛村在2021年组建农机合作社，以项目资金80万元购置了16台农机，主要服务周边农业经营大户，规模在100亩以上的按80元/亩收费，低于100亩的按90元/亩收费，2021年3—7月服务面积超过1000亩，营业收入约9万元，盈利约4万元。有的村紧盯现金回流快的服务，如岳阳镇船形村瞄准乡村振兴出现的大量基建需求，创办建筑公司为农户建造房屋、蔬菜大棚等，农户表达需求和提供资料，公司代办相关手续，仅1个多月就为村集体创收5万余元。此外，该村还谋划发展户外教育活动基地、乡村婚庆项目等。

（六）围绕“业”，选准联建项目聚合多村抱团发展

抱团式发展既有邻近村社的“小联合”，也有区域内全部村社的“大联合”，是区域内资金、土地、人才、市场等要素在更高层级的配置。大佛镇双堰塘村和红鞍村各以集体经济发展扶持资金100万元入股，吕河坝村以13亩土地入股，联合建设年加工玉米秸秆饲料5000吨的青储饲料加工仓储中心，预计年纯利润达50万元。2019年大佛镇全镇35个村社中，原铁牛湾、滚龙坡、东禅寺3个贫困村各投入项目扶持资金36万元，原响滩子村投入102万元，其余31个村和部分贫困户投入132万元，吸纳社会资金74万元，多方

联合共建众联畜牧养殖小区并出租给正邦集团发展生猪养殖，年租金81万元，其中归属村集体经济收入37万元，各村按股分红。镇域内村社聚合起来共建产业项目共享发展收益，不失为解决全镇集体经济薄弱问题的一种探索。

（七）围绕“人”，制定考核机制力促村社干部谋思良策

有的村社干部将主要精力放在应付乡镇（街道）布置的日常工作和个人家庭经济发展上，对壮大集体经济思考不够多，缺少思路和办法。为激励村社干部发展壮大集体经济，大佛镇制定了专项考核办法，以村社“两委”干部为考核对象，考核村级集体经济发展成效及档案资料完善情况。有具体的集体经济创收方案得5分，档案资料完善和账目清楚得5分，集体经济组织运行顺畅和管理到位得10分，视情况扣减分数；人均集体经济净收入达到6元及以上得基础分80分，每超过1元加1分，未完成的每少1元扣2分。同时建立奖惩机制，将考核结果和村社干部的年终目标绩效相挂钩，集体经济净收入超过3万元、4万元、5万元的分别给予600元、800元和1000元奖励，但对未完成目标任务的村社干部，按相应分数扣减目标绩效并约谈及取消评先评优资格。

二、需关注的问题

（一）发展村级集体经济的启动资金“缺”

一些村受资源禀赋、地理区位、交通条件等因素影响，可供开发利用的资源少，引进社会资本较为困难，加之金融机构对村股份经济合作社的金融支持探索相对滞后，村社发展集体经济的资金制约非常突出。石羊镇西坝村想在果园地上建一个养猪场，因缺少资金而一直未能启动项目。船形村创办建筑公司的启动资金是50万元，约定村集体出资30%、村民集资70%，但村集体没有资金，最后由27名村干部凑齐50万元并从中借给村集体15万元。调研时，雁江区某干部反映，有些薄弱村既缺少集体资源资产又没有区位优势，但“最大的问题是没有启动资金”。

（二）资产收益项目资金到期后回收“难”

一些村将项目资金投资到各类市场主体，获取固定收益，在项目到期后想收回本金用于自主发展集体经济，却发现收回本金面临很大困难。石羊镇西坝村于2016年将10.13万元投资给葡萄园种植户，年固定收益5800元，5年期限，2021年到期，因种植户已长期不在村，留在村里的房子又不值10万元，收回本金的机会渺茫。2020年，该村将29.9万元产业扶持资金投资于某中药材合作社，年固定收益1.8万元，2年期限，计划到期后收回本金但难度很大，只能延续原合同。

（三）村社干部发展集体经济的思想“僵”

个别乡镇、村干部对发展集体经济工作有畏难情绪，认识上有偏差，没有集体经济发展规划。有的村干部年龄过大、文化知识少、思想保守，缺少发展村集体经济的新思路、新举措。有的存在“小富即安”思想，满足于“守住家业”。某贫困村2017年获得集体经济产业扶持资金20万元，村干部不仅没有“雪中送炭”的兴奋，反而陷入“左右为难”的苦恼，不知怎么用，截至2020年11月，该笔资金仍摆在账上“睡大觉”。有的村干部认为项目扶持资金的使用限制较多，宁愿吸引社会资本也不想使用项目扶持资金。

（四）发展村级集体经济的各类人才“少”

在新型城镇化和工业化快速推进的大潮下，有文化、有闯劲、懂经营、会管理的农村人才大多外出就业、自主创业，留守劳动力大多文化程度不高、见识不广、能力不强，出现“精兵强将走四方，老弱病残务农忙”现象。人才之“少”，一方面是“领头羊”少，过于依赖村干部；另一方面是“服务员”少，乡镇农经站撤销后，兼职的农经工作人员与日益繁重的农村集体经济发展指导监管任务不相适应。另外，这些地区的新型农业经营主体数量偏少，能有效运行的就更少，如丹山镇142个农民专业合作社中正常运行的有88个，125个家庭农场中正常运行的有89个。由于农业经营主体少，一些村庄即便有闲置农地也难以流转出去形成集体收益。

（五）非脱贫村集体经济基础总体偏“弱”

脱贫攻坚阶段，资阳市有不少贫困村获得发展集体经济的专项扶持资金，少的有几十万元，多的数百万元，导致贫困村与非贫困村在发展集体经济时也出现了“悬崖效应”。当前，脱贫村的集体经济总体上要比其他村更有基础。以雁江区丹山镇为例，该镇辖 41 个行政村，截至 2021 年 7 月，有 23 个村已发展集体经济，其中脱贫村占 13 个。这 13 个脱贫村都有发展集体经济的专项扶持，多数在 2017 年开始发展集体经济。余下 10 个已发展集体经济的村中，有 3 个村是到 2021 年才开始发展集体经济。

三、几点建议

从资阳的发展情况看，发展村级集体经济既要引导各村因地制宜拓宽发展路径，形成资源经济、物业经济、产业经济、服务经济、旅游经济等多元化经济类型，更要以资金、人才、项目为着力点，提升政策支持效率。

（一）着力畅顺“活”资金供给通道

缓解资金难题，要将加大财政投入、优化金融供给、撬动社会资本和育强集体积累相结合，用好四类资金。继续加大对壮大村级集体经济的财政资金投入力度，市级、县级政府从每年的土地出让收入中，按一定比例安排用于支持村级集体经济发展的专项资金，建立完善村级集体经济发展专项资金管理办法。建立村级集体经济信用体系，支持涉农金融机构对符合条件的村级集体经济组织降低贷款门槛，增加信贷额度，实行优惠利率，扩大有效担保物范围。鼓励社会资本与村级集体经济组织合作经营，社会资本发挥资金优势，村集体以资源资产折价入股，规范合作方式，保障各方合理权益。强化项目资金退出纠纷仲裁，将无故拖欠村集体到期项目投资本金的市场主体纳入失信“黑名单”。鼓励各村积极探索资产收益项目资金回收的实现方式，推进资产管理向资本运营转变。

（二）抓紧构筑“大”人才支撑体系

缓解人才难题，要培育和引进发展村级集体经济的经营型人才、管理型人才和服务型人才，用好三类人才。要增加人才向农村流动的政策倾斜，以薪资、福利待遇为突破点，在农村内部大力培养村级集体经济组织致富带头人，引进一批高学历、高能力人才回乡创新创业，领办创办村集体经营实体。探索建立职业经理人制度，公开聘请高技能人才，担任村级集体经济组织的“CEO”。培育村级集体经济管理型人才，加大对村社“两委”干部的培训力度，破除干部“等、靠、要”思想。建强村社党支部，选拔一批年轻化、能力强的党支部书记，注重后备干部培养储备，确保每村有 1~2 名后备干部，建设好人才梯队。探索建立村级集体经济发展激励机制，将集体收入或利润按一定比例奖励给经营型人才和管理型人才。做好基层农经机构建设的顶层设计，对机构设置、人员配备等提出明确的刚性要求，充实人员力量。

（三）适时营造“优”项目政策环境

创设政策环境，要充分发挥财政资金在村级集体经济发展保障型项目和竞争型项目中的不同作用，用好两类项目。村级集体经济需要在市场竞争环境中发展，同时又部分地承担了村社保运转支出，兼具经济功能和部分政治功能。建议将支持村级集体经济发展资金分设为保障型项目资金和竞争型项目资金，在发展初期阶段应以保障型项目资金为主，发展壮大到一定程度后，调整为以竞争型项目资金为主。保障型项目发挥兜底支持作用，主要面向没有经营收益或经营收益在 5 万元以下的“空壳村”，优先支持尚未发展集体经济的“零”收入村。竞争型项目发挥示范引领作用，由符合条件的村社竞争申报，结合区域产业发展规划和乡村振兴战略实施需要去择优支持。绿化造林、生态保护、乡村基础设施建设管护等政府投资项目，在政策允许范围内，优先安排村级集体经济组织实施。

村级联合发展集体经济的“昆山探索”

何安华　高　鸣　倪坤晓

自2007年实施富民强村工程以来，江苏省昆山市的村级集体经济得到了快速发展。截至2018年底，昆山市166个行政村（涉农社区）村级集体资产总额为84.6亿元，村级集体经济总收入为12.55亿元，村均756万元，其中村级集体经济稳定性收入为9.7亿元，村均585万元；农村居民人均可支配收入为3.29万元；村级集体经济总收入超1000万元的村达到37个。多年来，昆山市以增加村级集体经济收入为核心，以促进农民增收为目标，以村级集体经济转型发展为重点，走出了一条具有昆山特色的村级联合发展的强村新路。

一、昆山市村级联合发展的背景

（一）村社单打独斗发展面临的资源环境约束日益趋紧

经历市场经济转轨期后，昆山市大部分有经营头脑的村办企业骨干转型为民营企业老板，政府对土地保护、生态环境、城乡规划等要求也越来越严。在激烈的市场竞争中，村自为战、单打独斗的发展方式日益受到人才、资金、资源、环境等多种要素的严重制约。面对新形势，发展村级集体经济由原先的一村独自发展向多村抱团发展转变，各村的生产要素由村内配置转向村际配置，寻求更高层级、更有效率的要素配置成为缓解资源环境约束的重要探索。

（二）简单的资源资产租赁难以实现村级集体经济持续快速增长

乡镇企业改制后，昆山市的村级集体经济由企业经营收入为主转向以物业租赁收入为主。物业租赁收入虽然经营风险小且稳定，但投资回报率偏低，难以实现持续增长。而园区化成规模的物业楼宇建设投资又大，单个村社往往难以承担，这促使多个村社组建新的联合经营主体，以公司化方式投资建设并出租管理厂房、商铺等，将楼宇建设和管理环节的利润都留在联合经营主体内部，实现外部利润内部化，为村级集体经济发展培育新的持续增长点。

（三）缓解村际发展不平衡问题需要多村联合抱团共赢

由于各村社的资源禀赋不同，村级集体经济发展差别较大，如不打破已有的发展"惯性"，发展好的村越来越好，差的村越来越差，村际发展不平衡问题将会加剧。要解决这一问题，需要各村形成合作共赢的共识，变单打独斗为合作经营，变单一的物业经营为资产资本经营并举，在更大范围内实现资源资产优化组合，走村级联合、集中资源、集约发展的创新之路，让众村共享发展红利。

二、村级联合发展的主要形式

经过十多年发展，昆山市探索出三种较具代表性的村级联合发展集体经济形式。

（一）突破村域界限配置共享优质资源

这是指区镇政府为辖区内的村社统筹配置优质资源供各村分享发展红利。陆家镇全镇 8 个村有的在工业园区内或临近园区，有的紧邻高速公路，而有的却在基本农田保护区内，有的交通不便。为了促进这 8 个村发展村级集体经济，陆家镇实行"一盘棋"统一配置资源，各村入股共同开发白杨湾物流中心，包装开发经营高速公路和国道路边广告牌，建设合丰综合市场和社区服务用房等物业载体。不管是道路广告牌还是物业载体用地，这些由镇政府配置的准公共资源的受益权都不归属于单一村社，而是由

8 个村共用共享。

（二）多村联合兴建经营性物业载体

这是指多个村社组建联合经营体，共同投资建设经营性物业载体，收益按各自股份比例分配。花桥经济开发区的 15 个村开展合作，在顺杨与星浜原创基地、邻里中心和星光创业园建造 43 幢打工楼、62 幢标准厂房共 34 万平方米，由村级集体资产经营管理办公室负责出租和经营管理，使 80% 的村年均可支配收入超过 300 万元。锦溪镇将 21 个经济薄弱村的扶持资金投向锦溪镇生态产业园，建造了 16 幢标准厂房、21 幢打工楼、公寓房及商业用房，由锦溪镇富民物业管理有限公司统一经营管理，经营收益由 21 个村按各村扶持资金比例分享。

（三）多村联合兴办集体股份制企业

这是指多个村社以各村股份经济合作社作为股东共同投资组建强村公司（强村联合发展主体），由强村公司经营各类项目，各村不参与具体经营，只按股受益。2011 年 10 月，张浦镇 22 个村社共同投资成立了昆山市乐浦强村投资发展有限公司，采取“强村公司 + 德国工业园”发展模式，一方面投资运作商业资产，包括 6862 平方米人才公寓、17805 平方米商业店面房、28700 平方米张浦生活广场的建设和资产管理；另一方面开发运作工业资产，配合德国工业园招商引资，投资建设厂房 66480 平方米，承接政府委托管理厂房 22046 平方米。各村入股资金的年均分红率不低于 8%，如张浦镇金华村入股 2000 多万元，2019 年分红 169 万元。

到 2014 年底，昆山市 3 个区 8 个镇全部完成了区镇村级联合经济实体注册登记，全面进入转变村级经济发展新模式，全市村级联合经济实体资产总额达 37.36 亿元，占村级全部集体资产总量的 57.5%。到 2017 年底，昆山市强村公司资产总额增加至 61.42 亿元，总收入 2.19 亿元，村级投资收益 1.4 亿元。

三、村级联合发展的基本经验

（一）保持政策措施的稳定性和连续性

为扶持村级集体经济发展，昆山市在 2013 年出台了《关于扶持村级联合发展促进强村富民的意见（试行）》，引导村级经济走联合发展、抱团发展、集约发展之路。2015 年出台了《关于扶持村（社区）集体经济组织“一村二楼宇”建设的实施意见》，允许土地使用权等价置换到合适区域进行异地建设和多村联合建设。2016 年出台了《关于深入推进富村迈上新台阶的若干政策意见》，从收费减免、建设用地利用、项目优先安排、贷款贴息等方面扶持村级联合发展实体。2018 年出台了《昆山市农村集体资产分类处置管理工作实施意见（试行）》，鼓励支持村集体或强村公司采取多种方式参与经营性项目。这些政策措施目标聚焦精准，既“解渴”又兼具连续性和针对性。

（二）因地制宜探索多元化村级联合方式

合作领域方面，有现代农业型的，如建设集体经营的特色农产品种植基地，发展农业休闲观光、乡村旅游等；有资源开发型的，如建设标准厂房、农贸市场、商业用房、集宿楼等；有资产管理型的，如承接政府委托管理厂房；有项目经营型的，如保洁、绿化养护、广告业务等。运作模式方面，有委托有资质的公司或机构管理，联合组建平台公司运营，聘请职业经理人等。合作要素方面，各村以股份制形式联合投资，资本金可以是货币资金出资或者经营性资产作价出资。采用哪种合作方式完全由各村根据实际情况灵活变通。

（三）建立扶持集体经济薄弱村发展制度

2016 年，昆山市由市、区镇两级财政对全市 40 个集体经济薄弱村给予每村 100 万元资金补助，用于富民强村载体项目建设。鼓励薄弱村以组团合作方式参与加油加气站点经营。为切实降低薄弱村的经济负担，薄弱村享受的公共服务开支补贴是非薄弱村的 1.5~2 倍，例如户籍人口在 1000 人以下的村补贴 20 万元，但列入经济薄弱村的补贴 40 万元。针对苏州市级经济薄弱村，落实“经济薄弱村第一书记”制度，帮助制定发展规划、提供政策技术指导和协调解决实际困难。2018 年，昆山市最低村级稳定性收入比 2014 年增长 70%，薄弱村的集体经济发展水平不断提高。

四、村级联合发展的下一步思考

为进一步释放村级联合发展集体经济的能效，推动昆山市农村集体经济迈上新台阶，特提出如下建议。

（一）在更广的业务领域开展合作

一是试点 2.0 版本的集体新型合作农场，发挥东临上海西接苏州的市场优势，以“互联网 + 农业”模式发展订单农业、认养农业，增加集体直接经营性收入。二是发展集体农文旅新业态，充分利用闲置宅基地、农房和“三优三保”土地，探索“集体 + 旅游”模式，联合建设一批精品民宿、田庄等乡村旅游配套设施。三是尝试开展城市休闲“夜间经济”项目，改造近郊区集体商业店面和闲置用地，试点村级联合投资建设深夜食堂、24 小时经营店等高品质夜间经济示范街区或站点。四是积极探索村级抱团“飞地经济”，整合各村闲散资金“走出去”，开展异地收购、入股、投资兴建一批项目载体，破解资源瓶颈，拓宽发展空间。

（二）在更多的要素层面开展合作

充分调动社会各界力量开展多元化的要素合作。一是推动多种要素合作，除资金外，应扩大可用于作价入股的资源性资产、经营性资产的范围，有条件的村级联合发展实体应考虑将企业家才能、技术、劳动力、无形资产等生产要素折股量化，拓宽要素合作类型。二是推动各类资本合作，除各村社的资本外，应在防止外部资本侵占集体利益的前提下，推广村级联合发展实体和社会资本合作，撬动工商资本、民间资本更多参与村级集体经济发展。

三是健全要素合作利益分配机制，合理评估各类要素价格，按要素贡献分配村级集体经济收益，保护要素拥有者的合法权益，增强要素合作“黏性”。

（三）在更高的区域层级开展合作

现阶段昆山市村级联合发展集体经济是区镇范围内的抱团合作，相应的生产要素合作尚未突破区镇层级，发展面临的要素制约可能不太突显。但当村级集体经济进入更高的发展阶段后，区镇层级要素合作的约束将会显化和趋紧。对此，应提前谋划比区镇层级更高的区域合作方案，例如昆山市层级的要素合作，构建市县负责统筹、区镇负责协调、村社具体执行的市县、区镇、村社三级合作机制，在更大空间范围内实现要素有效配置，增强村级集体经济发展动能。

一个村庄的集体经济发展新路

张哲晰　孙泽宇　何安华

农村集体产权制度改革是一项管全局、管长远、管根本的重大改革，事关实施乡村振兴战略的基础，是优化资源配置、增加农民财产性收入、实现共享发展和共同富裕的重要举措。白寺村是河南省浚县首个“三变”改革试点村，为集体经济多元化发展蹚出了一条新路。

一、主要做法

白寺村作为浚县乡村振兴试点村，率先启动了“三变改革、五大合作”工作，即“资源变资产，资金变股金，农民变股东”改革，组建了集体资产股份合作社、土地股份合作社、劳务股份合作社、旅游股份合作社、置业股份合作社五大合作社。

五大合作社的设立和经营有着深层次的逻辑和内涵。股份合作社即股份经济合作社，负责集体资产经营与管理、集体资源开发与利用、农业生产发展与服务、财务管理与收益分配等事宜。土地股份合作社与农户签订土地入股合同，每年保底分红，确保基本收益。合作社将入股的土地及边角荒地进行平整处理，并统一招租发包给本村种粮大户发展高效农业。土地入股以后，劳务股份合作社吸纳村里的闲散劳动力以劳力入股劳务股份合作社，在村内务工，发放工资，增加村民务工收入，带动集体经济发展。白寺村还充分挖掘当地自然风光与人文基础，开展乡村旅游，建房出租，促进乡村三次产业融合发展。置业股份合作社则将村集体收益有效支配，投资产业，“以钱生钱”。

截至 2019 年 11 月，白寺村土地股份合作社首期完成了村东 935 户

4542亩土地入股工作。劳务股份合作社组织合作社劳动力开展劳务技能培训两次，并与白寺村委会、鹤壁恒乐农业发展有限公司达成用工协议，初步创收1万多元。旅游股份合作社共接待游客29批900人次，初步收入3.6万元。置业股份合作社也正在积极谋划新的项目，利用村内闲置资源、资金开展置业项目合作。

二、经验总结

（一）加强组织领导，发挥领头雁帮扶指导作用

村集体高度重视，由党员干部带头，通过抓好班子带好队伍、组织支部主题党日活动、建立白寺村党员微信群等方式，上下联动，最大限度地做好农村集体产权制度改革工作的宣传，调动广大基层干部群众参与积极性。

（二）加强制度设计，科学规划集体经济发展

一是制度方向明确，符合农村实际。摸清村庄长短板，激活群众创造力，发掘资源潜力。二是制度细节丰富，发展有迹可循。出台《白寺村股份经济合作社章程》《白寺村三变改革五大合作实施方案》等文件，指导改革稳步进行。三是制度执行有力，责任层层落实。在全村范围内建立四级网格长制度：一级村党总支部书记服务网格、二级党支部服务网格、三级村民小组长服务网格、四级党员街长服务网格，实现“一网覆盖、责任到人、分工明确、一包到底”。

（三）抓好产业定位布局，五大联动充满希望

一是延伸村级产业链条。在盘活集体资产的基础上，延伸发展相关产业，促进保值增值，实现更大收益。二是打造村级联动发展。通过组建多元化股份经济合作社，搭建起致富百姓、强壮集体的载体，实现由“建设村庄”向“经营村庄”转变。三是推广典型样板。充分发挥示范引领作用，为全县创造可复制、可推广的典型经验和发展模式。

三、存在问题

（一）专业人才缺乏

村委会和村集体股份经济合作社“两个班子、一套人马”的运行模式令负责领导者工作任务繁重，加之专业训练不足，领导者承担集体经济发展任务存在困难。但聘请专业人员对于资产少、体量小的组织而言又是一笔不小的开支。

（二）组织定位模糊

村委会与村集体股份经济合作社无法做到“政经分离”。农村集体经济组织除担负管理集体资产、增加农民收入的任务外，还承担着农村公益事业建设和社会管理等诸多职能，不利于组织初期发展壮大，影响运营效率。

四、思考与建议

（一）大力招才引智，促进人才振兴

一是开展素质提升工程。通过课堂教学、实地观摩、培训指导、发放手册等方式，培育农村集体经济组织带头人。二是大力吸引人才。开展返乡创业工作，积极引导和鼓励外出务工人员、大学生、退伍军人回村创业，领办、创办经济实体。三是健全人才激励机制。制订村级集体经济发展攻坚计划，明确工作目标、完成时限、责任主体，在构建完善薪酬激励、绩效激励机制的同时利用媒体对优秀集体经济组织人才进行表彰宣传。

（二）明晰组织定位，做好风险防控

一是逐步理顺村集体股份经济合作社与村委会的关系，化解“政经难分”障碍，做到职责分离、各司其职。二是指导村集体股份经济合作社借鉴现代企业制度，健全完善内部治理机制、激励约束机制和资产运营机制。三是注重风险防范，遵循市场经济发展规律，坚持从实际出发，防止新增村级组织债务。

凌庄子村集体经济探索发展之路

郑庆宇

凌庄子村地处天津市西青、南开两区交界处，紧邻市奥体中心，是西青区第一批“产权制度改革”试点单位，集体产权制度改革共确认集体经济组织成员 1884 户 3238 人，选出成员代表 171 人，经第三方事务所审核，村集体资产总额为 361141.1 万元，负债总额为 22844.38 万元，净资产总额为 338296.72 万元，其中预留改革备用金 2580.88 万元，可量化净资产为 335715.84 万元，成员总股数约 3238 股，折合每股 103.68 万元。

一、困境倒逼而来的自发改革

（一）矛盾突出，问题积聚

2000 年左右，随着天津城市建设的不断发展，凌庄子村按照要求进行平房改造，加之天津市又计划在村地兴建体育中心，村里 80% 的土地被征用，面积超过 1000 亩，获得征地补偿 1 亿多元，但村里仅剩的 2 万多平方米的物业，一年收入仅 200 万元，远远满足不了全村每年 1000 万元的各项支出需求，且当时集体账上仅有 10 万元。村干部想通过这笔征地补偿款扩大物业面积，补亏盈利，但出于对失地的气愤、补偿的不满以及对物业经济发展低效的失望，大多数村民对村干部极不信任，主张把这笔补偿款分掉，并不看好继续通过建物业的方式发展集体经济。村内干群关系逐步僵化，村庄缺乏凝聚力、向心力，各方矛盾促使村干部想办法尽力扭转凌庄子村一盘散沙的局面。

（二）顶住压力，走出困境

该村书记为了能够扭转这种持续性的集体账亏局面，给村民提供稳定可靠的生活保障，提出通过建产业园发展物业的方式，壮大村集体经济。当时受到大多数村民的反对，村党支部班子通过分组与村民沟通协商，最终以少数服从多数通过了村书记的提议。从2005年开始建产业园，2007年开始招商、形成气候，到2008年村民才逐渐对产业园的未来建立信心。凌庄子村建设的产业园区是天津市第一家依法注册的创意产业园，如今吸引了近700家企业入驻，净资产33.82亿元，年均1.2亿元租金收入，已成为天津最具人气和活力的集办公、休闲、商业、健康等多功能产业于一体的综合性园区。历经十七载，凌庄子村已经从一个干群关系紧张、无序滞后的村，变成了一个村庄管理和谐有序、村民生活水平不断提高、经济实力不断向好的全国文明村。

二、改革以来的主要做法及经验

（一）通过规范流程，完成集体资产确权

2016年3月19日，该村召开了村“两委”会、支部扩大会、村党员群众代表大会，正式启动产改工作。一是人员摸底排查。经过大会表决，户籍冻结日期为2016年4月30日，村党支部发挥党员模范带头作用，组织全村70岁以下全体党员到每家每户征求集体产权制度改革及户口冻结日的意见，3天内完成，同意率达98.2%。二是集体资产盘查。2016年10月25日，由第三方会计师事务所和评估公司对村内所有财务进行审计，进行清产核资和资产评估工作，截至2019年2月4日，共召开16次产改工作班子会，16次党委（党支部）扩大会，17次党员群众代表大会，56次产权制度改革小组工作会议，科学民主地完成了村委会及下属企业财务审计和清产核资、资产评估等工作。三是股权设置。本村集体经济组织股权不设集体股、非成员股，不区分村龄股、劳龄股等，按照2016年4月30日该村实施户口冻结、人员只减不增方案，享受村民待遇的实际人口数3238人（其中：含现役义务兵

1人，监狱服刑5人，死亡45人），平均设置股权，即前述享受本村村民待遇的3238人为产改完成后本村集体经济组织成员，每人持有集体经济组织股份一股，共计3238股。四是设立章程，成立组织。2019年3月，该村召开村全体党员、群众代表大会表决通过了《凌庄子村股份经济合作社股权设置和管理办法》；2019年5月，在村民服务中心进行了产权制度改革相关事宜讲解确认工作；2019年6月16日，召开了“凌庄子村股份经济合作社成立大会”，在大会上选举产生了第一届理事会和监事会成员，并进行了公示；2019年9月，经过一系列前期准备，凌庄子村股份经济合作社到天津市西青区农业农村委员会成功办理经济组织登记赋码手续，并由西青区农委颁发了农村集体经济组织登记证。

（二）通过创新决策机制，提高民主化水平

2019年6月，凌庄子村召开第一届成员代表大会，大会审议通过了《凌庄子村股份经济合作社章程》，章程规定“成员代表大会由年满18周岁、具有完全民事行为能力的171名成员代表组成”，并详细列明了成员代表大会的职权，成员代表大会的决议事项，应当通过召开成员代表大会的形式表决。该村在未制定章程前，通过户代表决议的形式审议村里涉及村民利益的重大事项；制定章程后，该村采取了双重审议标准，即“成员代表大会讨论通过，户代表大会签字确认”，这极大地提升了决策结果的可信度与民主程度，每一项公开的重大决策事项均得到了群众的充分认可。

（三）通过建章立制，提升管理水平

2003年凌庄子村新班子成立前，村集体在运行过程中普遍存在不同程度的管理难题，这既无益于管理决策形成的科学性与可信度，也不利于各项改革工作的顺利推进。新班子成立后，班子结合管理实践中遇到的问题分析研判，围绕队伍建设、村务公开、民主管理、村政管理等方面，逐步建立了《凌庄子村班子建设制度》《凌庄子村民主理财管理制度》《凌庄子村村务管理制度》《凌庄子村各项工作规章制度》等8大类102项规章制度及党建廉政制

度，使各项工作都有章可循、照章办事。

（四）通过巩固成果，促进集体壮大

集体产权制度改革完成后，该村为确保集体经济组织有效运营，从年收益中提取 10% 作为村集体组织发展基金，用于发展生产、转增资本、弥补亏损和村集体经济组织公共事务、公共事业及福利发放；为了保证村民获得稳定的预期收益，将预留村集体经济组织发展基金后的年收益，折算成每股收益后按规定进行分配；为了确保分配收益的科学性，规定持有本村集体经济组织股份的村集体经济组织成员按照年龄情况参与村集体经济组织收益的分红；为了防止股权滥用，规定本人持有的本村集体经济组织股份在 3 年内不得以买卖、赠予等任何形式进行流转，且 3 年内每位集体经济组织成员持有集体经济组织股份不得超出一股；同时，为了保证经营管理的水平及成效，村集体组织根据经营管理情况每 3 年委托第三方进行一次评估，以此考核经营管理者的业绩及工资待遇。

（五）通过发展物业，保障持久民生

凌庄子村遵循“建物业、抓稳定、保民生”的发展思路，建立了天津市最大的产业创意园区，由村委会投资创办的凌奥集团负责具体运行管理，占地 310 亩，10 余年陆续建设 45 万余平方米物业资产，产业园区吸引企业超过 700 家，主要包括科技、信息、教育、医疗等新兴业态，积累了 33.8 亿元资产，这些资产基本是通过物业租赁的方式形成的。庞大的资产体量和长期稳定、稳中有升的租金收益对于保障该村 3238 名成员的生产生活、医疗、教育、执业等均已不成问题，但该村立足长远，通过物业资本再投资的方式，盘活既有资本，充分释放和提高其物业资本的再生效应和溢价水平。这样既巩固了集体产权制度改革的成果，也拓宽了集体经济发展路径。

（六）通过限定经营范围，稳资产保收益

凌庄子村积极探索“物业出租 + 租金入股”的发展模式，依托现有物业，

通过稳定的预期收益再投资的方式既保障了集体资产的权属，也拓宽了集体收益的渠道。对入园的好企业，通过考察、调研，确定拟投资企业名单，报村委会、集团董事会、股份经济合作社三套班子研究提议，后通过党委扩大会形成议题，上报街道党委批复，最终由党员、成员民主表决后确定入围企业。2016 年以来，凌奥集团陆续投资 6 家公司，以 3 年租金作为投资款，抵占 20% 公司股权，集体经济组织从第 4 年开始正常收取租金，并同时享有这 6 家公司 20% 股权的分红。同时，自第 4 年开始，凌奥与合作企业的租赁合同会以 3~5 年为 1 个周期进行相应调整，租金也会相应增加。

三、几点启示

（一）户代表大会制度有利于形成科学民主的决策

户代表大会制度的探索与实践凝聚了该村在决策机制上的智慧，其制度化运行为决策的有效形成提供了持久稳固的民主支撑，既兼顾了该村每户的户集体意志，也解决了成员代表机制的弊端，正确表达出每户被代表成员的个人意志，极大地提升了凌庄子村决策结果的可信度与民主化程度，为该村的每一个重大事项提供了充足的制度保障，为集体经济组织高效运行的法治化提供了实践经验。

（二）制度体系的构建有助于提升管理效能

凌庄子村以问题和结果为导向，为解决集体经济发展过程中面临的管理低效、群众不满等难题，逐步探索出 8 大类 102 项规章制度，涉及方方面面，为该村有序规范的运行和各项工作的高效运转提供了强大的制度支撑。制度体系的构建来源于实践，同时也能更好地服务于实践，用制度管人、管钱、管事，是优化管理手段和提高管理成效的重要方法，能够使每一项工作都有章可循、有规可守，能为集体经济的健康发展保驾护航，也能为社会和谐稳定、人民安居乐业提供稳固的保障。

（三）收益再投资模式有助于稳资产、增收益，坚守集体经济公有制属性

一是在发展层面，凌庄子村基于物业租金收益再投资入股的经营模式，既能解决投资产业资金不足的难题，有效发展壮大集体经济，增加集体成员收益，也可避免市场风险或公司经营不善对公有性质资产可能造成的潜在威胁，从而更稳固地保障集体稳定的收益预期。二是在制度层面，这种发展模式能够坚守集体所有的基本内涵，体现出成员集体所有和特有的社区性，有效平衡集体经济发展与稳定之间的关系，既坚持了以市场为导向的发展模式，也分化了市场化竞争中的潜在风险，有效避免了公有性质的集体资产纳入责任财产的范围。

农村集体经济组织立法篇

对“集体所有”性质的认识与廓清

郑庆宇　高　鸣

“集体所有”既不能简单理解为按份共有和共同共有，也不能理解为法人所有，其在性质上类似于“总有”，但又超脱于总有制度的不完整权能及权利行使的强限制性等特征。从解释论上来看，有观点认为，集体所有在性质上类似于总有，并完全否认共有说（包括按份共有和共同共有）与法人所有说。也有观点认为，集体所有权作为集体公有制的法权形式，不是集体成员的按份共有和共同共有，并从自物权角度对共有和成员集体所有进行了区分。另有观点从有利于确立物权性质的土地承包权，以及培育“依法、自愿、有偿”的土地流转机制的角度，将土地农民集体所有制界定为农民按份共有制。

上述三种观点基本可以代表当前学界对于集体所有性质的两种看法：一是赞同按份共有说，肯定按份共有对于保障成员权利，增加资产活性的有益影响。二是赞同总有说，肯定总有与集体所有在形成机制上具有相似性，以及二者在原则目标上具有一致性。但三者无一例外均否认法人所有说。本文对法人所有说也持否定观点，并在肯定总有说与集体所有具有外延相似性的基础上，认为，按份共有的内部运行模式可以成为集体所有的借鉴与参考，但同时也要警惕避免滑入按份共有的私化属性中去，这就需要对按份共有进行一定程度的边界限定。

一、集体所有不能理解为法人所有

其一，《中华人民共和国民法典》（以下简称《民法典》）第 99 条承继了

《中华人民共和国物权法》(以下简称《物权法》)关于农村集体经济组织特别法人的规定，肯定了农村集体经济组织的特别法人身份。另外，虽然《民法典》第261条规定的“成员集体所有”中的成员集体与集体经济组织是否具有列为同一范畴的可能尚存争议，但这并不影响成员集体所有双层含义的认定，即成员所有和成员集体所有，因此，从这个意义上来看，仅将集体所有认定为法人所有就否定了成员对于集体财产的所有权，这不符合成员集体所有的规范内涵。

其二，法人成员的认定也区别于集体成员的认定。法人成员并不能当然获得对法人财产的所有权，也并非平等享有法人财产的所有权，而是依据成员投入或特定关系仅对属于成员个人的那一部分财产享有绝对的所有权。法人成员可以基于其所有权享有完整的财产权利，而集体成员虽当然具有集体财产的所有权主体身份，即使由成员构成的集体经济组织为特别法人的客观事实存在，但特别法人的特别之一就体现在集体成员的这种特殊所有权:《民法典》对成员集体所有的规定主要是为了强调集体成员对集体财产享有的平等的支配权、管理权和收益权，这是紧密联系成员与财产关系的一种政策话语，也是巩固集体所有制的规范表达。

综合上述两点，集体所有不能理解为法人所有，虽然集体经济组织特别法人为其成员提供的权利与公司法人为其成员提供的权利相比，稍显不完整，但却为成员提供了更长期稳定的保障性权利。

二、集体所有在性质上应严格区别于共有

其一，共有更加强调集体中成员的权利，如果将集体所有等同于共有的话，可能会导致由于过分关注成员权益的保障，而使得集体财产私化处置，这不利于维护集体资产的稳定性，且违背了《中华人民共和国宪法》(以下简称《宪法》)中规定的集体所有的公有制性质。另外，在财产的共有关系中，成员的加入或减少会伴随着共有财产的分割或流失，这与集体所有所追求的集体财产的稳定性与保障性也会产生一定冲突。

其二，基于自物权对共有进行解释，从而区分共有与集体所有符合产权发展的基本逻辑，也能从根本上分清共有制度与集体所有存在的本质区别。以按份共有为例，按份共有权利人对其所占有的份额享有完整的所有权，其可以基于《民法典》第 240 条享有占有、使用、收益和处分的权利。按份共有人可以基于自物权任意处置其所有的共有财产，在符合一定条件或程序的情况下，共有财产可基于权利人的意思被任意处置。以自物权作为规范参考，如果将成员对集体财产的所有权类比为共有的话，就容易产生集体资产外流，或即使限定在本集体经济组织内部流转，也会产生内部少数人侵占、支配集体资产等有损集体成员共同权益的情形。

集体所有与共有这种基于现实层面的阻隔也进一步揭示出：集体所有权的成员主体身份是其不同于共有产权的重要标志，它不是基于财产的结合或共有的关系而形成的，而是以成员特定身份的取得作为集体所有的基础。这种通过成员身份的取得限定集体所有财产流转的方式也进一步印证了集体所有是以维护集体权益，保障成员利益为目的的特殊的所有权形式。

三、集体所有适用总有的有限性

诸多学者认同集体所有与总有的相似性，并在研究总有论的基础上探索集体土地所有制的理论源起。这种理论研究对于论证集体所有的科学性与合理性确有必要，同时，在深化农村集体产权改革、进一步发展壮大集体经济、维护成员权益等方面也能坚守集体所有制的基本底线。但完全适用到集体所有当中可能会虚化农村集体产权改革所欲实现的最终目标，游离于构建归属清晰、产能完整、流转顺畅、保护严格的中国特色社会主义农村集体产权制度之外。

基于中国本土学者和国外学者对总有的研究现状，大致可将其分为两种观点：一种认为，成员构成的团体作为独立的个体具体管理本团体的事务，但构成团体的成员并不当然取得持份权，也不能请求对团体财产进行分割和转让，只能在团体内部平等享有收益权。如果成员失去了身份，也当然失去上述权利。在比对集体所有的基础上，呈现出肯定说和否定说两种立场。肯定说认为，中国农村的集体所有在性质上类似于总有，尤其体现在成员不能请求对集体资产进行分割，从而保障集体所有权的完整稳定；否定说则指出，总有过于强调团体的稳定性，这会在一定程度上削弱成员个体权益的保障，并认为总有论中的所有权主体不明确。另一种认为，总有团体不同于现代经济组织团体，其内部没有清晰划分管理主体和权利主体，更没有像中国农村那样作出集体资产的权利主体与管理主体、行使主体的区分。其成员的管理、处分权限须由成员全体行使，成员基于自己固有的权源享有使用收益权，并且成员的这项权利是不能被剥夺的。

上述两种观点具有共通之处，概括来看，在认定总有与集体所有相类似的情况下，总有是指由多个成员（该成员单位也包括由多个个人形成的小团体）形成一种团体组织，该团体组织为了确保其持久稳定地生存和发展，具有高度静态的封闭性。其内部成员除了具有基于团体组织形成之时对其认定的收益权能，别无他权。从此概括中可以看出，总有与集体所有的确有几点相似之处：一是成员与集体均为所有权主体，且权利内容不同；二是收益权的享有均来自身份资格的确认；三是均不得请求分割集体或团体所有的财产。这三点相似之处肯定了二者形成的目的在于稳固组织发展、保障成员权益。但从集体经济组织的政策定位以及农村集体产权改革的长远目标来看，总有能够为集体经济组织提供的理论基础是有限的，集体所有若仅局限于总有的框架之内，恐怕难以实现农村集体产权改革的政策目标。

四、集体所有属性之应然选择

（一）政策意涵

2016年印发的《中共中央 国务院关于稳步推进农村集体产权制度改革的意见》（以下简称《意见》）是探索和巩固农村集体所有制，保护农民集体资产权益的中央纲领性政策文件，《意见》提出，在有序推进集体经营性资产股份合作制改革过程中，要清楚认识到此项改革是不同于工商企业的股份合作制改造，要体现成员集体所有和特有的社区性。如前所述，虽然《民法典》将成员集体作为一个所有权主体，但从农村集体产权制度改革的目的，以及集体所有的真实意涵来看，它既体现出了集体的所有权主体地位，又突出了成员的所有权主体地位，这与《意见》所强调的“坚持农民集体所有不动摇，坚持农民权利不受损”的基本原则相一致。在此前提下，坚守农民集体所有不动摇，并最大限度地盘活集体资产，激发集体经济组 织特别法人的价值与动能，从而带动集体成员收益，这应当是集体产权制度改革政策的设计初衷，也是《民法典》规定“成员集体所有”的规范内涵。

（二）价值体现

农村集体产权制度改革通过建立集体经济组织，发展新型集体经济，维护并增加农民权益。农村集体产权制度改革下的集体经济不同于 1982 年宪法中所确立的“农村集体经济”，从集体经济的发展历史来看，合作化时期、人民公社发展时期、统分结合双层经营体制时期，以及现在的农业产业化、多元化的经营发展模式时期，发展农村集体经济在功能需求上发生了相应的变化，这会在一定程度上触动集体所有制的公有制基础。但体现时代性、发展性、市场性的新型集体经济仍然是其发展的主要方向。《民法典》对集体经济组织特别法人的规定使得集体经济组织可以在市场经济中按照完整市场主体的参与规则、市场化的运行方式，投入市场经济环境中，这是立法对集体经济组织市场经济主体身份确认的规范体现。但特别法人不同于一般的营利法人，同时它的市场性又要优于非营利法人，这就留下了对农村集体经济组织特别法人解释的空间。集体经济组织行使集体所有资产的管理职能，这与一般的产权关系有所区别，财产权利主体并不管理财产，而是通过其他组织形式管理财产的职能，从而创造出更大的价值服务于集体及其成员，这就需要借助市场经济环境这一改革发展成果。集体所有与集体经济组织之间的这种关系定位，既是政策的设计初衷，也是在集体经济组织具备法人身份、参与市场经营情形下，避免集体所有最根本的土地等资源性要素受到波及的高明之处。但二者之间关系得以有效运行的必要前提是集体所有的财产在进入市场时，要受到一定的限制，这既是法律和政策基于对集体所有的特殊保护，反向制约集体经济组织的管理权限，同时也为赋予集体经济组织足够的市场主体地位提供了充足的客观条件。

在坚守集体所有的公有制性质不变，明确集体资产的所有权主体与管理主体二分的情况下，可以适当地赋予集体经济组织更多的行使、管理集体资产的职能，从而使集体资产能够释放出更多的资产活性，最大限度地参与市场经营，全面深化农村集体产权制度改革。

五、结语

如前所述，集体所有在性质上类似于总有，这主要体现在形成源起方面，而在集体产权制度改革背景之下，总有为集体所有所提供的营养供给稍显不足，不能契合中央集体产权制度改革的基本方针；集体所有在发展方式上与按份共有也具有相似之处，但依附于完全市场化的公司制中的按份共有，不仅体现了所有权能的完整性，而且从公司成立到公司解散、破产，公司法人的整个生命过程中更多地体现了其成员的决策权、参与权、处分权等完整权能，体现了更多的私有性质，因此，这种所有的方式本质上与集体所有是平行的。集体所有的公有制性质这一底线不可触碰，在集体资产的所有主体与行使主体二分的情况下，可以依据集体经济组织特别法人的主体身份，最大限度地参与市场经济，发展新型集体经济，为集体及其成员带来更多、更广泛的收益。

关于农村集体经济组织法人特别性的思考

郑庆宇

农村集体经济组织，是具有中国特色的农村组织形式，我国《民法典》明确其为独立于营利法人和非营利法人之外的特别法人，既肩负着维护集体所有制的政治使命，也承载着发展新型集体经济、促进农民共同富裕的重要功能。相较其他法人，其特别性主要体现在七个方面。

一、公益性与营利性并存

一方面，农村集体经济组织具有较强的营利性，通过对外出租、投资入股等方式创收，增加集体收入。据统计，2019 年全国村集体经济组织总收入为 5683.39 亿元，其中经营性收入为 1770.61 亿元，占比 31.2%。另一方面，农村集体经济组织又具有明显的公益性。据统计，2019 年全国农村集体收益用于公益性基础设施建设的投入为 1424.40 亿元，村组织支付的公共服务费用为 216.80 亿元。如天津市西青区付村集体经济组织通过物业租赁、商业用房租赁、金地项目合作等方式发展集体经济，2020 年，村集体总收入为 6900 万元，公益事业和公共设施等方面的支出为 1954 万元，占比 28.3%。其中，村民养老、福利发放、医疗保险和医疗报销等公益性支出合计 1806 万元；公共设施支出 136 万元。此外，农村集体经济组织还通过集体资产收益分红增加成员的财产性收入。据统计，2019 年共为成员分红 571.2 亿元。

二、财产的不可分割性

农民集体财产大部分来源于法律直接规定或者直接授予，如《民法典》规定农民集体所有的不动产和动产，属于本集体成员集体所有，这些财产具有专属性，不能根据成员或集体的意志任意处置。集体经济组织法人管理的财产并非法人所有的财产，其使用受到严格限制，成员退出时不能请求分割，即农村集体经济组织的财产归集体成员所有，其本质是发展一块属于公共的不可分割的资产（陈锡文，2016）。这使其从本质上区别于《中华人民共和国公司法》（以下简称《公司法》）、《中华人民共和国农民专业合作社法》（以下简称《农民专业合作社法》）所规范的公司、专业合作社等建立在私人产权之上的法人组织。这些法人组织的形成基于股东的认缴出资，股东（社员）退出时可根据其实缴资本或非货币作价资本以货币的形式对法人财产进行分割。

三、成员的社区封闭性

农村集体经济组织成员没有入社自由，其成员的界定具有社区封闭性，这使其从根本上区别于《农民专业合作社法》所规范的农民专业合作社法人（五名以上符合条件的公民、企事业单位或者社会组织可设立专业合作社）。农村集体经济组织成员身份的取得需要统筹考虑户籍、土地承包关系、对集体经济的贡献等因素，由成员集体审议确认，份额或股份只能配置给社区范围内的成员，这既是为了保证土地等资源性资产不流失，捍卫集体所有的公有制属性，也是为了确保本集体成员的财产性权利。而《公司法》所规范的公司等营利性法人，股东身份通过对法人让渡私人财产权而获得，表现出自主性、有偿性、开放性等特点。股东权利基于出资，利益分配、权利行使与该股东出资比例相挂钩，表现出变动性、资合性等特点。

四、资产经营利用具有社区性

《民法典》赋予农村集体经济组织经营、管理集体资产的权能，其通过经营、管理集体资产获取收益，以更好地服务本集体及其成员。经营性资产股份合作制改革为农村集体经济组织开展自主经营提供了制度依据，但经营范围受到严格限制。实践中，农村集体经济组织经营活动主要以社区内集体资源出租、物业设施出租、资产入股等形式体现。例如，安徽省复兴村积极盘活闲置的土地资源，将 60 亩集体小林场对外出租，年租金收入 0.6 万元，将 60 亩集体荒山承包给个体经营办厂，年租金收入 1 万元；吉林省东风村通过建物业、收租金的形式，从事社区性强、风险性小、收益稳定的行业；江苏省华西村通过村集体再投资设立公司的形式，参与金融、钢铁、纺织化纤、高新技术等竞争性行业。

五、土地等资源性资产不能对外承担责任

农村集体经济组织的原始财产，来源于社会主义改造时农民加入合作社投入的土地等生产资料。经过几十年的发展，特别是 2016 年全面开展农村集体产权制度改革以来，农村集体经济组织法人经营管理的财产除了土地等资源性资产外，还包括多年积累的经营性资产以及财政投入形成的资产。因此，农村集体资产，特别是集体土地呈现出历史性、多元性和复杂性，承担着保障集体和成员基本权益的功能作用，农村集体经济组织法人对外承担责任的财产只限于集体经营性资产，而集体土地等资源性资产不能对外承担责任。这不同于《公司法》《农民专业合作社法》等规范的公司、专业合作社等营利性法人，可以其全部财产对外承担责任。

六、权益分享以户为单位

按照《中华人民共和国土地承包法》《中华人民共和国土地管理法》等相

关法律，农村集体经济组织成员以户为单位享有集体的土地承包经营权、宅基地使用权、经营性资产收益分配权，土地承包权证、宅基地使用权证、集体经营性资产收益分配证（股份或份额证）也均以户为单位颁发，这使其明显不同于《公司法》《农民专业合作社法》所规范的公司和专业合作社以个人为单位分享股东（社员）财产权益。此外，实践中许多农村集体经济组织实施户代表大会制度，而公司法人的股东大会和农民专业合作社的成员大会均不存在成员户或股权户的概念。如天津凌庄子村采取双重审议标准，即“成员代表大会讨论通过，户代表大会签字确认”。成员代表大会一般由 5 到 10 个成员户推选出的一名成员代表组成，对一般事项表决，成员代表大会仅对章程修改、成员进出等重大事项表决，户代表大会较成员代表大会更易召集，较成员代表大会更具有广泛代表性。

七、不适用于破产终止

从农村集体经济组织承担的多元化社会功能来看，除非基于行政区划调整涉及合并、分立、撤销等解散事由，否则其不能解散。这使其根本不同于《公司法》《农民专业合作社法》所规范的有限责任公司和专业合作社，可以因资不抵债而按照《中华人民共和国破产法》（以下简称《破产法》）相关规定清算解散。当然，从市场交易安全和保护债权人利益的角度来看，对于陷入债务危机、资不抵债且明确缺乏清偿能力的农村集体经济组织，也应当作出相应的制度安排。在立法中，可借鉴《破产法》中的重整程序，对如何重整作出相关规定。

关于农村集体经济组织立法的几点思考

倪坤晓

农村集体经济组织是集体土地权利运行、集体经济健康发展的参与主体，是加强乡村治理、全面推进乡村振兴的重要组成部分。2016 年，中共中央、国务院印发《关于稳步推进农村集体产权制度改革的意见》，提出“抓紧研究制定农村集体经济组织方面的法律”。2017 年至 2019 年的中央一号文件都强调要研究制定农村集体经济组织法。2018 年 9 月，十三届全国人大常委会立法规划将农村集体经济组织方面的立法列为第三类项目，要求研究论证，待条件成熟后安排审议。2021 年 6 月，农村集体经济组织法起草领导小组第二次全体会议在京召开，审议了《农村集体经济组织法草案（初稿）》。目前，农村集体经济组织立法工作正在加快推进中。

一、农村集体经济组织立法的必要性

农村集体经济组织立法是推进全面依法治国的重大战略举措。据农业农村部官网数据，截至 2022 年 2 月底，全国乡镇、村、组三级共建立农村集体经济组织约 96 万个，均在农业农村部门注册登记，领到了农村集体经济组织登记证书。从法律层面看，虽然《宪法》和《民法典》两部上位法明确了农村集体经济组织的法律地位，《中华人民共和国村民委员会组织法》和《中华人民共和国农村土地承包法》等多部法律也提到了农村集体经济组织，但其制度建设严重滞后于农村基层党支部和村民委员会，亟须通过立法对农村集体经济组织的性质、职能和地位等进行明确。

（一）巩固完善农村基本经营制度的迫切需要

《宪法》和《民法典》明确赋予农村集体经济组织对土地等资产和资源行使集体所有权的权利。2018 年的宪法修正案明确，“农村集体经济组织实行家庭承包经营为基础、统分结合的双层经营体制”，这是我国农村的基本经营制度。党的二十大报告强调，“巩固和完善农村基本经营制度，发展新型农村集体经济”。新时期的农村集体经济组织与人民公社时期和改革开放之初的集体经济组织已有很大不同，其合作从劳动合作拓展到生产资料合作、资本合作等，分配也从按劳分配拓展到按股金分配、生产要素分配等。因此，亟须通过立法进一步健全农村集体经济组织的运行机制和相关扶持政策，在稳定家庭承包经营的基础上，毫不动摇地发挥农村集体经济组织统的功能，重点解决一家一户办不了、办不好、办起来不合算的事，从而激活其组织带动成员开发利用集体资源资产的作用，实现集体资产保值增值。

（二）全面提升乡村基层治理能力的迫切需要

2022 年的中央一号文件明确提出，“突出实效改进乡村治理”，“总结推广村民自治组织、农村集体经济组织、农民群众参与乡村建设项目的有效做法”。新时期，我国农村基本形成了以基层党组织为核心，村民委员会、集体经济组织、农民专业合作组织等各类组织协作运转的组织体系，成为推进乡村治理体系和治理能力现代化的重要支撑。从各地实践看，虽然农村集体经济组织与村民委员会是性质不同、权利不同、职能不同的两类法人，但在 2016 年开展农村集体产权制度改革之前，大多数村没有建立农村集体经济组织，或是农村集体经济组织一直存在但并未实际运行，村民委员会往往代行了集体经济组织的权利和职能。尤其是一些农村地区实行“一肩三挑”，村党组织书记、村民委员会主任和农村集体经济组织负责人三个职务由一人兼任，村干部权力大，容易导致村级事务的“一言堂”，滋生“微腐败”。因此，亟须通过立法保障农村集体经济组织的独立性和自主权，依法推动健全内部运行机制，避免集体经济被少数干部控制，以充分发挥集体经济组织在乡村治理中的功能和作用。

（三）发展壮大新型农村集体经济的迫切需要

发展新型农村集体经济是党中央提出的一项重大战略任务，是维护农民合法权益、促进农民增收，实现乡村全面振兴、推进农业农村现代化的重要途径。2022 年的中央一号文件明确提出，“巩固提升农村集体产权制度改革成果，探索建立农村集体资产监督管理服务体系”，“探索新型农村集体经济发展路径”。据农业农村部官网数据，截至 2022 年 2 月底，全国清查核实农村集体资产 7.7 万亿元，集体土地总面积 65.5 亿亩。管好用好这些数量庞大的集体资产，离不开健全有序的农村集体经济组织。从各地实践来看，由于国家法律的长期缺位，当前农村地区不同程度存在集体资产监管政策针对性不强、监管制度执行不到位、风险防范机制不能有效满足新时期农村集体经济发展新要求等问题，难以充分发挥农村集体经济组织的有效作用，易产生侵吞、转移、挪用集体资产，集体经济经营不善等风险。因此，亟须通过立法健全农村集体资产监管和收益分配制度，推动构建归属清晰、权能完整、流转顺畅、保护严格的中国特色社会主义农村集体产权制度，为发展壮大新型农村集体经济、实现农民农村共同富裕提供坚实的组织保障。

二、农村集体经济组织立法的地方实践

近年来，一些农村集体经济较为发达的省份在推动地方农村集体经济组织立法方面进行了有益探索，为法律制定提供了良好的实践基础。从政策类型和内容看，主要包括两大类：

（一）农村集体资产管理条例、办法

2015 年以来，浙江、广东、江苏等省市先后出台了农村集体资产管理条例，对集体资产范围、资产权属、经营管理、财务管理、股份合作、产权交易、审计监督、保障措施等作出规定。如《浙江省农村集体资产管理条例》

明确规定，“已经办理工商登记的村集体经济组织，应当凭村股份经济合作社证明书向县（市、区）工商行政管理部门办理变更登记。尚未办理工商登记的村集体经济组织，可以凭村股份经济合作社证明书向县（市、区）工商行政管理部门办理设立登记”。2020 年 4 月，河南省出台《河南省农村集体资产监督管理办法（试行）》，明确了农村集体资产和农村集体经济组织的定义、农村集体经济组织的主体地位、集体资产的权属和经营管理方式等，为规范管理农村集体资产提供了政策依据。

（二）农村集体经济组织条例

2020 年 8 月，黑龙江省出台《黑龙江省农村集体经济组织条例》，明确了农村集体经济组织的管理主体、股份合作体制、资产运营机制和监督管理制度等，如规定“农村集体经济组织享受村民委员会和村民小组代行其职能时期的优惠政策，享受本省对新型农业经营主体制定的优惠政策”“农村集体经济组织可以提取不超过本年度收益百分之二十五的公积公益金，用于发展集体经济、转增股本、弥补亏损和公益事业建设等”。2021 年 7 月，四川省出台《四川省农村集体经济组织条例》，规定“财政投入建设形成的国有资产，可以依法委托农村集体经济组织持有、管护和经营，收益归农村集体经济组织所有”，这些政策为农村集体经济组织的建立运行提供了法治保障。

三、农村集体经济组织立法应重点规范的内容

承载多元功能的农村集体经济组织应该有符合自身发展的法律环境，在立法中应重点对农村集体经济组织的法人地位、经营范围、成员管理、运行机制、收益分配、扶持政策等作出规范。

（一）确立农村集体经济组织的特别法人地位

《民法典》将农村集体经济组织列为营利法人、非营利法人之外的一类特别法人。从目前学界研究看，其特别之处主要表现为集体财产不可分割、集

体成员社区封闭、营利性与公益性并存、资产权益以户为单位分享、集体土地所有权不能对外承担责任、农村集体经济组织不适用于破产终止等六个方面。但在实际经营过程中，与企业、农民专业合作社等其他市场主体相比，农村集体经济组织法人面临税务登记、资产抵押、融资等实际困难，这些都亟须在立法中予以明确。

（二）明确农村集体经济组织的经营范围

根据现有政策，农村集体经济组织具有管理集体资产、开发集体资源、发展集体经济、服务集体成员等方面的功能作用。目前，各地在地租经济、物业经济、服务经济等方面开展了积极的探索，取得了一定成效。从实际情况来看，我国村庄在资源禀赋、地理区位、经济条件等方面差异大，没有“放诸四海而皆准”的发展模式，农村集体经济组织适宜在何种范围开展经营，应由其自主决策、由集体成员民主商议而定。在立法中，应尊重当前各地已探索的经营活动，通过完善经营管理机制、风险防范机制等规范和引导农村集体经济健康有序发展。

（三）优化农村集体经济组织的成员管理

成员确认和管理是农村集体经济组织立法的核心问题，涉及广大农民群众的切身利益。现有政策文件对农村集体产权制度改革时成员的确认原则、程序和基本条件已作出相关规定，如 2020 年农业农村部印发的《农村集体经济组织示范章程（试行）》中规定，“基准日以后，本社成员身份的取得和丧失，依据法律、法规和本章程规定”。但对改革后新增成员的确认问题尚无明确表述，各界争议也很大，亟须在立法中进一步明确。

（四）健全农村集体经济组织的运行机制

目前，农村集体经济组织普遍设立了成员（代表）大会、理事会、监事会，建立了符合市场经济要求的集体经济运行新机制。从各地实践看，仍存在村民参与集体经济发展和资产监督积极性不高、村干部“活多钱少牢骚多”、集体经济发展激励和考核机制不健全等问题，制约了农村集体经济组织内部的健康运行。在立法中，应进一步完善农村集体经济组织的机构设置和运行制度、财务会计制度、人员激励约束机制等，探索实行村民委员会事务和集体经济事务分离，妥善处理好农村集体经济组织与村党组织、村民委员会的关系。

（五）规范农村集体经济组织的收益分配

当前，农村集体经济组织在收益分配中坚持公平优先、成员共享、多劳多得，同时兼顾资金、技术、人才等要素贡献。按照《农村集体经济组织示范章程（试行）》规定，集体收入优先用于公益事业、集体福利和扶贫济困，可分配收益按成员持有的集体经营性资产份额（股份）分红。从各地实践来看，农村集体经济组织收益是优先用于分配还是积累，是以成员分红为主还是以提取公积公益金为主，是否需要设定分配比例、如何设定等各地探索不一。如何进一步规范这些问题，都需要在立法中给予明确。

（六）完善农村集体经济组织的扶持政策

农村集体经济组织不仅承担着运营集体资产、发展集体经济的职能，而且承担着公共服务、乡村治理等多重责任。但目前针对农村集体经济组织、集体经济发展的财政、税收、金融、土地、人才等配套政策不健全，尤其是尚无适合农村集体经济组织特别法人特点的税收优惠政策。在立法中应重点解决上述问题，特别是针对集体产权权属由村委会回归集体经济组织、集体开展生产经营活动、集体内部收益分红等环节产生的税费政策等问题应适当予以明确。

组织法的基本特征及对农村集体经济组织立法的启示

郑庆宇　林　煜　种　聪

2018年9月，十三届全国人大常委会立法规划将农村集体经济组织法列为第三类立法项目。按照有关立法起草工作“任务、时间、组织、责任”四落实要求，以及2020年、2021年两次农村集体经济组织法起草领导小组全体会议精神，参考我国现行有关组织法的属性及特征，起草形成了法律草案。起草工作小组组织有关专家对组织法的基本特征及其对农村集体经济组织立法的启示进行了研究。

一、什么是组织法？

法的分类，是指从不同角度，按照不同标准，将法律规范分为若干不同种类。法的分类是对人类社会存在过的，且现实中依然存在的法律从技术的角度进行类别划分。主要可以分为国内法和国际法、根本法和普通法、一般法和特别法、实体法和程序法、公法和私法、组织法和行为法等。

（一）组织法的特点

组织法与行为法明显不同，前者偏重于调整法律主体的内部关系，后者侧重于调整法律主体的外部关系，在民事立法政策上具有重要意义。组织法特点主要体现在两个方面。

一是组织法采取严格主义。组织法为法律秩序的基础，其性质比较固定，故在立法上采取严格主义；反之，行为法是实际生活的行动开展，目的是尊重行为人的人格与私生活的利益，其运用法则重在流动性及伸缩性，因此在立法上常倾向于自由主义。由此可见组织法和行为法两者的立法精神有显著不同。

二是组织法为静态法。组织法是预先安排社会组织整体或某一法律制度的纲要及性质的法，规定其行动的方式结构并确定其性质和种类，可以理解为是组织运作的基础，是静态的法；行为法则直接有关于行动，然而却以组织为根据，可称为动态的法。如《宪法》决定国家的根本组织与权力作用之基础，民事诉讼法决定私权行使之手段，刑事诉讼法决定刑罚权运用之程序，法院组织法决定司法权行使之结构，均属于组织法的范畴。

（二）组织法的分类

按照所调整法律关系的不同，组织法又可分为公法性质的组织法和私法性质的组织法。

一是公法性质的组织法。特点是所调整的法律关系主体多为国家机关或行使公权力的其他组织。主要包括：《中华人民共和国全国人民代表大会组织法》《中华人民共和国国务院组织法》《中华人民共和国人民法院组织法》《中华人民共和国人民检察院组织法》《中华人民共和国城市居民委员会组织法》《中华人民共和国村民委员会组织法》等。如《中华人民共和国人民法院组织法》规定人民法院的设置和职权、人民法院的审判组织、人民法院的人员组成、人民法院行使职权的保障等内容。《中华人民共和国村民委员会组织法》主要规定村民委员会的组成和职责、村民委员会的选举、村民会议和村民代表会议、民主管理和民主监督等内容。

二是私法性质的组织法。特点是所调整的法律关系主体多为一般、平等的民商事主体。这些主体在参与市场经营活动中，同时兼具一定的行为法、监管法等属性。主要包括：《公司法》《农民专业合作社法》《中华人民共和国个人独资企业法》《中华人民共和国商业银行法》等。如《公司法》主要包括：总则，有限责任公司的设立和组织机构，有限责任公司的股权转让，股份有限公司的设立和组织机构，股份有限公司的股份发行和转让，公司董事、监事、高级管理人员的资格和义务，公司债券，公司财务、会计，公司合并、分立、增资、减资，公司解散和清算，外国公司的分支机构，法律责任和附则等。《农民专业合作社法》主要包括：总则，设立和登记，成员，组织机构，财务管理，合并、分立、解散和清算，农民专业合作社联合社，扶持措施，法律责任和附则。

二、对农村集体经济组织法的几点启示

通过梳理组织法的基本特征及不同类型，可以得出农村集体经济组织法应是具有私法性质的组织法，同时兼具行为法、监管法、促进法等多重属性。

（一）农村集体经济组织法是具有私法性质的组织法

《民法典》将农村集体经济组织列为特别法人，明确其为集体所有权的代表行使主体。不同于村党组织、村民委员会，农村集体经济组织承担运营管理集体资产、发展集体经济的职能，要按照市场主体的要求建立相应的内部管理机制，如决策、执行和监督机构，通过这些机构和主体搭建出法人外壳，作为一般民事主体参与市场活动，与其他个体或组织发生经济行为，接受民事基本法调整，而对此作出规范的农村集体经济组织法无疑具有典型的私法特征。同时，农村集体经济组织的有效运行依赖于组织内部的治理机构和成员，本法要重点关注他们之间的关系，以及如何完善内部管理机制。

（二）农村集体经济组织法兼具行为法、监管法和促进法多重属性

一是作为一般民事主体，农村集体经济组织以法人身份对外从事市场经营活动，具有一定的外部行为，法律要体现出行为法特征，对其行为作出相应规范。二是在社会主义市场经济背景下，市场调节具有不可避免的盲目性，需要强化对市场主体的监管，法律要体现出监管法特征，对农村集体经济组织进行有效监管，确保其严格遵守市场秩序。三是农村集体经济组织除了要发展集体经济，还要服务集体成员，为集体提供公共服务及建设公益事业，

在激烈的市场竞争中，农村集体经济组织这一市场主体并不健全，要在法律中体现出对它的政策扶持和促进措施。

（三）农村集体经济组织法的基本框架及主要内容

为体现组织法特征，本法应明确农村集体经济组织内部治理机构，如成员（代表）大会、理事会、监事会，以及成员名录。为体现监管法特征，本法应体现出对农村集体经济组织内外部的监督管理，如明确监事会职责、集体资产管理、审计监督、备案报告等相关制度，同时，对于违反法律规定的也要通过法律责任条款的设置进行硬性约束。为体现促进法特征，本法应设定相关扶持措施条款，如土地、人才、财政、税收等方面的措施，并做好与相关政策的有效衔接。此外，还须体现出作为特别法人的农村集体经济组织在强化党的领导、设立和终止方面不同于一般市场主体的特别性。

乡村全面振兴篇

乡村人才振兴须树立“大人才观”和处理好四大关系

何安华　秦光远　庞　洁

乡村振兴，人才是振兴之源。长久以来，乡村因无法“养人”而人才流失严重，人才总量不足、结构失衡成为制约乡村振兴的突出瓶颈。我国农村情况千差万别，乡村发展很不平衡，要全面推进乡村振兴，必须树立大人才观，不拘一格地聚天下英才投身乡村事业，构建起由产业经营、公共服务、乡村治理三大类型人才互促共融的支撑体系。

一、全面推进乡村振兴呼唤树立“大人才观”

（一）乡村百业待兴要求人才多元化，以“大人才观”推进系统性的乡村振兴

实现乡村从衰落走向振兴，本质上要求乡村宜业宜居，对人才产生吸引力，能够“养人”。乡村振兴战略的二十字总要求，涉及乡村经济、政治、文化、社会和生态文明五大方面的建设，每一方面都需要人才作为基本要素被投入其中。不管是乡村干部、乡村企业领军人、集体经济组织理事长、农业农村科技人员，还是乡村医生、创客、家庭农场主等，只要是符合乡村振兴需要的人力资本皆是人才，都有大展身手的舞台。

（二）乡村人才振兴政策体系渐具雏形，乡村“大人才观”具备了制度基础

农民是乡村人才的主体，中央政策在 2005 年首次提出培养职业农民，2012 年要求大力培育新型职业农民，2020 年明确要加快构建高素质农民教育

培训体系，虽几经演变，但目标始终是提升农民素质。《农民专业合作社法》“十年修订”彰显出为合作社发展提供制度保障的坚强决心。党的十九大以来，连续四个中央一号文件都对乡村人才振兴提出了具体要求，部署安排愈加细化。2021 年 2 月，中办、国办专门印发《关于加快推进乡村人才振兴的意见》，将乡村人才分为 5 大类 20 小类，提出到 2025 年基本形成乡村人才振兴制度框架和政策体系，基本形成各类人才支持服务乡村格局。随着一系列关于乡村人才的政策文件出台，提出乡村“大人才观”已然具备制度基础。

（三）乡村人才“内培”和“外引”成效显著，“大人才”支撑体系已见端倪

近些年，学界和政界提出“选、引、育、借、留、用”等思路为乡村聚才引智，乡村人才格局有了明显改善。截至 2020 年底，全国纳入名录系统的家庭农场超过 300 万个，依法登记的农民合作社超过 220 万家，以农业生产托管为主的农业社会化服务组织超过 90 万个，县级以上龙头企业 9 万家，返乡入乡创业创新人员 1010 万人，“田秀才”“土专家”等在乡创业创新人员 3150 万人，当年培训基层农技人员 20 余万人次。乡村教师和卫生健康人才数量均有大幅增加，有的村庄还创新引入了文旅规划服务型人才，实施“头雁”“雁群”孵化工程，培育乡村治理本土人才等。总体上，乡村人才类型不断丰富，“大人才”支撑体系正在加快形成。

二、筑牢“大人才”支撑体系的有关探索

（一）培育农业职业经理人，破解“谁来种地”

为应对农村出现的耕地撂荒、弱者种田问题，四川省崇州市培育农业职业经理人，构建了“合作社 + 农业职业经理人 + 农业综合服务”的新型农业经营体系，破除了“地碎、人少、钱散、缺服务”四大制约。农业职业经理人由合作社公开招聘，负责统一组织生产和实施具体管理。通过组织必要学

时的理论和实操培训，为考试合格学员颁发农业职业经理人资格证书，将之纳入人才库并实行准入和退出动态管理，建立初、中、高“三级贯通”考评制度，评级越高的人就越容易被聘用和获得更高信用贷款额度，还探索出了除本分红、保底二次分红、佣金 + 超奖短赔为主的利益联结方式。到 2020 年底，崇州市共培育农业职业经理人 2161 人，应聘上岗 1080 人，实现了农业生产向“科学种地”转变。

（二）聘用农村职业经理人，破解“谁来兴村”

在农村集体经济被卷入市场、农村优秀青年人才大量外流、村庄经济能人渐显接班断档的背景下，有的地方探索聘用职业经理人专业化打理村级集体经济。例如浙江省余杭区自 2019 年起连续三年为符合条件的村庄招聘高素质职业经理人，基本年薪从 15 万元提高至 18 万元，其中径山、塘栖两村更是开出最高百万元绩效奖励。农村职业经理人的基本年薪由区财政和镇街按 8 ∶ 2 分担，绩效工资由村居承担，还可享受区级医院免费健康体检和学历、职称补贴，子女就学、就近居住、土地耕作等需求由镇街或村协调解决。此类探索并非个案，到 2020 年 11 月，北京、山西、浙江、山东、湖北、湖南、广东、贵州等 8 个省市共有 529 个集体经济组织聘用了职业经理人。

（三）引入专业服务人才，破解“谁来服务”

乡村服务人才主要包括教师、卫生健康人才、文旅体育人才、规划建设人才等，尽管人数少，但对乡村民生保障和产业发展起到了非常重要的支撑作用。山西省长治市振兴村采取自雇专业人才方式，由村集体经济承担人才费用，将村卫生所升级为卫生院，建设幼儿园、小学和初中“一贯制”学校，招聘大量自雇教师去弥补公办教师之力量不足，两者同岗同酬，实现村民就地就医、就地入学。规划设计人才和项目运营人才对依靠乡村旅游业振兴的村庄尤为重要。四川省彭州市金城社区为留住高端服务型人才，采取“以权益换服务”方式，吸引清华大学、哈佛大学等硕博士高端人才 6 人，为社区提供规划设计、品牌策划、推广运营等服务，满 3 年并经村民议事会通过的就可获得100平方米集体建设用地使用权、100平方米耕地使用权和集体经济收益分配权。

（四）孵化基层党建头雁，破解“谁来治村”

有些村庄长期不发展党员、党员发展家族化派系化、优秀人才在村庄长期难以入党等问题突出，给乡村有效治理带来隐患。山东省平邑县平邑街道创新实施“11234”头雁孵化工程，依托街道的国有企业创建孵化基地并成立基地党支部，建立起技能培训、服务、孵化三位一体的综合性锻造提升服务平台，抓实两年期的培养计划，每年5月吸纳新批次学员梯次压茬培养，采取课堂“学”、岗位“练”、外出“训”三种方式，全面提升孵化对象的政治本领、服务本领、发展本领、治理本领。2021年5月以来，首批孵化对象20人被吸纳到基地集中孵化。孵化期结束后，考核合格的学员将被全部纳入“乡村振兴头雁人才库”，作为储备人才管理，适时回村任职使用。“孵化有入口，培育有去向”的头雁孵化机制，有助于建强乡村基层战斗堡垒，破除乡村治理顽瘴痼疾。

（五）接纳外来“新村民”，激发乡村发展活力

“新村民”主要是指非本村原籍但在村内工作、创业或生活超过一定时间的人群，包括乡村外来的务工者、创业者以及到乡村生活的城镇退休人员等。2020年全国流动人口3.76亿人，其中流向乡村0.45亿人，形成了数量庞大的“新村民”群体。“新村民”的涌入使得“活有人干、地有人种、房有人租”，将工业经济、农业经济、物业经济和消费经济汇聚成繁荣的村域经济。但“新村民”的显著特征是流动性强，为留住“新村民”，有的村庄从经济、社会、民主各方面保障他们的权益。如浙江省东阳市花园村将人才补助制度化，学士、硕士、博士人才每人每年分别补助1万元、2万元和5万元，有突出贡献则准许落户到村集体户口，除了不享有宅基地资格权、土地承包权外，医疗、教育、社会保障、生活福利等权益都和原住民一致。陕西省礼泉县袁家村利用集体建设用地建设了6栋楼房，以每平方米1200元的成本价卖给了

“新村民”，激励其留在村内就业。浙江省平湖市曹桥街道通过透明的积分制为“新村民”子女分配就学绿色名额，最大限度保障“学有所教”。这些探索围绕“融入”做文章，顺应了“新村民”从工作融入、生活融入到身份融入的期盼，为乡村发展留住了人才和注入了动能。

三、处理好“大人才”支撑体系的四大关系

（一）处理好内部培育和外部引进的关系

乡村振兴对人才的需求是全方位和多领域的，当乡村内部人才积累和供给不足时，外部引进就可为“大人才”支撑体系强弱项补短板。现阶段的乡村人才振兴可能主要是依靠土生土长或土生外长的内部人才，如一些村庄大力培养本土人才或吸引离开本土的青年人“回流”，这跟当前多数乡村仍然遵循熟人社会或半熟人社会的行动逻辑相契合。但不可忽视的是，乡村从城镇引来的专业人才越来越多，外部人才对推动乡村发展起到重要作用。“内培为主，外引为辅”是当下筑牢乡村人才支撑体系的主要路径，而长期看，“内”与“外”的关系不是一成不变的，需根据乡村发展阶段对人才的需求、内外部的人才供给进行动态调整。各村应坚持内部培育和外部引进“两条腿”走路，抓紧建立人才储备库，提前谋划在不同阶段哪些人才重在内部培育、哪些人才依靠外部引进，尽早布局。

（二）处理好短期流动和长期融入的关系

人才要素区别于资金要素的突出特点是“用脚投票”。乡村宜业宜居，方能引才引智，实现人才兴村。从见效时间看，短期可以通过外部引进去缓解人才短缺的当务之急，长期是要通过内部培育去根治人才梯队的长久之荒。从人才结构看，乡村“大人才”支撑体系呈金字塔形状，低层次人才数量多，频繁流动带来充分的竞争是有利于乡村发展的，如跨村务农大户、普通外来务工人员等；高层次人才数量少，处于供不应求状态，稳定下来甚至长期融入则对乡村发展更有利。同为“新村民”但待遇迥异的现象恰能说明这一点。

例如部分大村强村的“新村民”数量很多，却只有极少数高端技术人才、治理人才、专业服务人才获得原住民（或集体经济组织成员）待遇，这是因为留住人才的最有效措施是给予含金量极高的“村民”身份。各村应建立人才需求目录，完善人才管理机制，分类施策，对低端的、替代性强的人才实行竞争性的“动态管理”，对高端的、替代性弱的人才实行“稳态管理”。

（三）处理好政府服务和市场作用的关系

乡村人才属于生产要素，其配置应由市场发挥决定性作用，由政府优化服务。筑牢乡村“大人才”支撑体系，尤其是在乡村的人才培养和人才使用上，当前既要解决传统意义上的政府“缺位”“失位”问题，又要防止政府出现新的“越位”“错位”问题，避免出现“大包大揽”“无所不管”的倾向。乡村人才要根据其提供服务的外部效应加以区分，明确哪些人才的培养和使用应重在政府服务，哪些应交还给市场，进一步划清政府和市场的边界。粗略而言，提供服务偏向公共产品的人才应交给政府，如乡村教育、卫生健康、基层治理、农技推广等人才；提供服务偏向私人产品的人才应交给市场，如职业经理人、电商人才、文旅产业从业者等。乡村人才培养和使用都要以需求为导向，加快健全乡村人才市场，创造公平竞争环境，通过优胜劣汰机制为乡村发展选对人才、用好人才。特别要注重发挥提供乡村人才服务的公司、平台、中介等渠道的作用，引导市场主体为乡村人才提供中介、信息等服务，把市场主体能够接得住、做得好的事项，从政府部门手中逐步转移出来，交由专业化组织承担。

（四）处理好集体利益维护和人才权益保障的关系

保障人才的经济、就业、教育、医疗、居住、民主等权益是引进人才和留住人才的长效之举。不管是内部培育的人才还是外部引进的人才，人才下乡入乡都会不同程度地打破乡村原有的利益分配格局，特别是在经济发达的乡村，人才成规模涌入形成“新村民”浪潮，会导致原住民使用基础设施和公共服务产生拥挤，增加村集体社区管理成本和公共服务支出，不可避免地带来“小集体大社区”问题，出现农村集体经济收益补贴“新村民”现象。但我们更应该看到，人才进入乡村能够产生正外部效应，包括人才帮助壮大村集体经济、人才住房需求推涨农村住房的租金、人才创业促进乡村资产有效利用等。因此，筑牢乡村“大人才”支撑体系要着眼大局、看长远一些，算大账不算小账。要抓紧完善人才价值实现机制，切实保障人才的各类权益，鼓励有条件的地方对重要人才采取股权激励，对有突出贡献的人才给予原住民同等待遇。

培育农村职业经理人市场 破解“谁来兴村”发展难题

何安华　倪坤晓　李　竣　黄　雨

发展农村集体经济，是一种市场化的经济行为，要遵循市场竞争规律。村集体拥有的资源资产、人力资本等生产要素及其在市场环境中的配置效率决定了集体经济发展的强弱。发展农村集体经济，人才是关键要素。随着老一辈乡村精英退出舞台和年轻人才离村进城，部分村庄发展集体经济陷入“无能人可选”“无能人带动”的困境，亟须突破人才瓶颈，破解“谁来兴村”难题。近年来，有条件的农村集体经济组织探索聘用职业经理人专业化打理集体经济，在破解兴村人才匮乏问题上探索出了经验，有些做法值得借鉴，但还面临着乡村社会“融入”问题，建议加快培育农村职业经理人市场和构建农村职业经理人制度。

一、聘用职业经理人是有益尝试

（一）农村集体经济已被卷入市场

农村集体经济要想发展，就必须适应市场经济的内在要求。农村集体资产的保值增值是在市场经济环境下实现的，同样面对竞争和存在风险。现阶段发展农村集体经济的载体是农村集体经济组织，它依法取得了特别法人资格，已成为参与市场竞争的一类主体，和国企、民企争夺生存发展空间。引入职业经理人，是农村集体经济与现代企业制度接轨的需要，一定程度上能够通过市场配置人力资本的方式去尽量缩小农村集体经济组织和国企、民企之间的“人才鸿沟”。

（二）农村优秀青年人才大量外流

2019年，全国乡村地区60岁以上老年人口的比例是20.84%，农村居民家庭户主文化程度在初中及以下的比例是86.9%，均高于同期城镇的比重。由于城镇的收入、就业机会、基础设施建设和公共服务供给等都要比农村优越得多，很多有能力、有干劲的优秀青年离村进城，有的村已难见青壮年群体，村里剩下“386199”部队，人才流失严重。有的青年人才虽然留在村里，但倾向自主创业，无心充当发展集体经济的“领头羊”。本地缺乏青年人才储备将成为制约农村集体经济长远发展的重要因素。

（三）村庄经济能人渐显接班断档

过去数十年里，成长起来的村庄经济能人兼具政治精英、经济发展带头人的角色。他们整合村庄内外资源的能力非常强，群众基础深厚，通常是村庄集体经济走向兴盛的初代领头人。如江苏永联村的吴栋材、四川宝山村的贾正方、山西振兴村的牛扎根等。随着初代经济能人退出舞台，部分村第二、三代经济能人的影响力出现了不同程度下降，有的村甚至出现能人断档，找不到合适的经济能人接班。有经济能人带动的村庄是幸运的少数村，多数村庄往往缺少能人带动，它们的集体经济薄弱且低水平循环。当经济能人内源不足时，借助外部人才支撑方可破解困局。

（四）避免“内部人控制”治理失范

能人治村和发展集体经济的积极作用是显见的，但如果缺少相应的约束机制，发展农村集体经济就容易出现“内部人控制”问题，能人“一言堂”可能导致集体经济变色成为干部经济、家族经济，造成集体资产流失、群众利益受损。通过市场选聘农村职业经理人来运营管理农村集体的资源资产，人才的竞争性进入能有效地减少农村集体经济组织决策层和职业经理人之间的委托—代理问题，挤压少数“内部人”和职业经理人可能存在的合谋寻租空间。

（五）符合村庄发展的专业化分工要求

过去不少村庄的干部既要负责村级日常事务管理又要负责发展村级集体经济，导致什么事都负责却又什么事都不“精”和不“专”。近期，南京、苏州、杭州等地探索事经分离，赋予集体经济组织独立经营职能，成效明显。这是村级事务管理和经济发展的分工。做大做强村级集体经济需要较高的资源整合能力和市场参与能力。正如村干部所言，要让专业的人来做专业的事。聘用职业经理人做农村集体经济的市场“引路人”，可以达成集体资源资产经营权细分与企业家人力资本的匹配，释放专业化发展集体经济的分工效能。

二、聘用职业经理人的地方探索

（一）聘用农村职业经理人的总体情况

早在 2014 年，广东省东莞市推动农村集体经济转型时，就提出选取条件成熟的农村集体经济组织作为试点，鼓励聘请职业经理人和专业团队打理村集体经济。2019 年 2 月，浙江淳安县下姜村公开招聘乡村振兴职业经理人，开出基本年薪 18 万元，上不封顶；同年 4 月，安吉县鲁家村跟进开出年薪 30 万元招聘 1 名职业经理人。据公开资料显示，到 2020 年 11 月，北京、山西、浙江、山东、湖北、湖南、广东、贵州等 8 个省市共有 529 个集体经济组织聘用了职业经理人。一些地方为了吸引人才，积极探索能人发展农村集体经济的激励机制，如海南省明确规定“允许从当年村集体收入增量中安排 10% 的收益奖励有突出贡献的下乡能人”。

（二）聘用农村职业经理人的“余杭现象”

2019 年 7 月和 2020 年 8 月，浙江余杭区农业农村局连续两年组织招聘农村职业经理人一事引发关注，招聘村从 4 个扩展到 8 个，竞争激烈程度从 60 多人选 4 人上升到 412 人选 8 人，其中竞争最激烈的村达到 114 人竞争 1 个岗位；基本年薪从 15 万元提高至 18 万元，其中径山、塘栖两村更是开出最高百万元绩效奖励。有的应聘者并非看重年薪收入，他们宁愿放弃原有工作的可观收入也要当新农村的 CEO，为的是在农文旅融合发展的乡村大展身手。

（三）余杭区培育农村职业经理人的主要做法

余杭区在浙江省率先启动农文旅融合发展行动，探索建立农村职业经理人培育机制。一是组织实施制度化，连续两年由区农业农村局和区财政局联合制定实施办法，明确招聘的人员条件、程序、时间、聘期等。二是村社确定竞争化，即需要招聘农村职业经理人的村社向镇街提交申报书，镇街审核后提交区农业农村局，区农业农村局评审确定年度参与招聘的村社名单。三是薪资构成分担化，职业经理人的薪酬由基本工资和绩效工资构成，其中基本工资每年 18 万元按月发放，由区财政和镇街按 8∶2 分担；绩效工资由村社承担，根据考核情况在年终一次性发放。四是职业福利配套化，职业经理人享受每年一次区级医院免费健康体检和相关的学历、职称补贴，镇街或村还会协调解决其子女就学、就近居住、土地耕作等需求。五是运营管理团队化，职业经理人因工作需要组建运营团队的，团队的年度经营绩效按考核结果合格、良好、优秀等次分别获得 10 万元、15 万元、20 万元工作经费补助，由区和镇街按 1∶1 承担。这些措施强化了农村人才支撑，推动了余杭区农村集体经济的健康发展。

三、职业经理人面临“融入”问题

近几年，一方面是农村职业经理人制度受到多地乡村追捧，有的地方将其视为壮大农村集体经济的一条路子；另一方面是农村职业经理人离职或被辞退现象相继出现。据报道，2020 年初，浙江淳安县下姜村第一位职业经理人因在年度考核中未能拿到续聘票数而被解雇；余杭区 2019 年首批招聘的 3 名农村职业经理人中，有 2 人辞职，2020 年招聘的 8 人中，上任 3 个月就有人想离去。这些现象在某种程度上反映了职业经理人在乡村社会遇到“水土不服”和“难融入”窘境。但客观而言，试点路上的人才“进出”是难以避免的，这是市场对农村职业经理人供需错配的一种调节过程。初步分析，聘用职业经理人发展农村集体经济遇到的“融入”问题主要如下。

（一）薪酬激励问题

即高薪聘请职业经理人却被认为做了“赔钱买卖”。村里引入职业经理人需要给出合乎市场标准的薪酬，有的还要为职业经理人团队提供经费保障。薪酬给低了，招不来人才；给高了，有人认为村里改变不够大是做“赔钱买卖”。2019 年淳安县下姜村对职业经理人开出 18 万元基本年薪且由村集体出钱，有村民就认为职业经理人整天“东走西逛”没给村里带来实质性变化，经续聘投票后解雇了职业经理人。余杭区瓶窑镇彭公村职业经理人的基本年薪也是 18 万元，比村书记和镇上多数公务员都要高，即便这笔支出不用村里承担，仍有人看不惯而给他起了别名“18 万”。

（二）经营放权问题

即职业经理人希望有集体资产经营权而村干部不放权。理论上讲，“让专业的人做专业的事”要求职业经理人拥有农村集体资产的经营权，承担集体资产的保值增值责任，而农村集体经济组织保留集体资产使用的决策权，监督职业经理人的行为，保证集体资产不被侵占或流失。农村集体资产的经营权和决策权分置后，匹配得好就能产生专业化分工经济，匹配不好则会造成要素组合欠优和降低集体经济运营效率。实践中，有些村干部不放权，而职业经理人自身的资源又不够丰富，有心做事却“无事可做”，实际工作就如同导游向访客介绍村情村貌，聘期内无法正常开展工作，做不出亮丽成绩，最终黯然离场。

（三）经营理念问题

即职业经理人想创新经营方式却不被理解和支持。尽管职业经理人在经营管理、投融资、农文旅项目运营等领域有着丰富经验，但他们和集体成员的经营理念、发展目标却难以统一。集体成员希望的是“稳”，而职业经理人想的是在较短考核期内快速做出成绩，他们提出的经营策略和新潮营销模式得不到观念保守型集体成员的理解和支持，一些大胆创新尝试无法实质性落地实施。另一些职业经理人提出的发展目标则过于“高大上”和不够“接地气”。有一位职业经理人在上任之初提出了“四个一”目标，即创建一个全国乡村振兴样本、一个全国数字农业示范基地、一个村属自有品牌和一个能对外输出服务的乡村振兴模式，街道干部和村民听了都不知道怎么评价。

（四）考核压力问题

即对职业经理人考核周期较短却要求集体资产增值较快。各村对职业经理人制定了绩效考核办法，总体上是以年度考核为主，有的辅之以季度考核。职业经理人上任后熟悉村情和制订发展计划就花了数月时间，措施尚未有效实施就面临考核。淳安县下姜村另一位职业经理人在 2020 年 6 月上任时，地方干部对他提出“当年成立，当年盈利，当年分红”和全年利润 80 万元的目标任务，如果超额完成便可获得年薪之外 40% 的分红，完成不了则被辞退，到年底他才完成了 35 万元利润。2020 年余杭区招聘职业经理人的 8 个村都以发展乡村文旅产业为主，区域内同质化竞争激烈，加上受新冠疫情影响，职业经理人做出亮丽成绩的难度会更大。

四、几点建议

破解“谁来兴村”难题，应着力解决好发展农村集体经济的人才供需错配问题，建议加快培育农村职业经理人市场，持续推动乡村人才振兴。

（一）建立农村职业经理人的培育机制和评估体系

农村职业经理人比农业职业经理人的能力要求更高也更系统。要立足各村实际情况，考虑农村职业经理人的可能来源，坚持内培与外引相结合，将农村职业经理人培育纳入农村实用人才培养计划。加强农村集体经济组织人才培养，依托各地的乡村振兴学院创设农村职业经理人培训基地，注重农村集体资产盘活、现代农业发展、农文旅服务营销、物业经济转型等方面的业务技能培训，兼顾职业道德水平提升，培养一支素质综合的农村职业经理人队伍。借鉴农业职业经理人的培育经验，通过职业培训、资格认证、技能等级认定、职称评审、业绩考核等措施，逐步建立农村职业经理人准入机制和评估体系，推进农村职业经理人职业化发展。

（二）完善农村职业经理人的激励机制和监督机制

薪酬是最直接的激励工具，村庄要综合考虑区域差异、市场行情和集体经济发展情况，科学评估职业经理人及其运营团队的人力资本投入，建立有竞争性的薪酬体系。引导农村集体经济组织和职业经理人构建紧密型利益联结机制，推广“基本薪资＋福利津贴＋绩效奖励”的多元化薪酬结构，推动组建利益共同体。鼓励有条件的村庄对职业经理人采取股权激励，从集体股或公共提留中适当设置贡献股，实行“人走股留”管理，即职业经理人只享有贡献股的收益权。创建区域性农村职业经理人组织，参考年度绩效考核结果评选杰出职业经理人并颁发荣誉，强化精神激励。完善农村集体资产的决策权和经营权分离机制，赋予职业经理人更加充分的经营权。健全农村集体“三资”监督管理制度，通过农村产权信息化管理平台全面监督职业经理人的集体资产经营行为，避免集体资产流失。推动建立农村职业经理人信用评价机制，实行负面清单管理，把好农村职业经理人质量关。

（三）推进职业经理人制度和乡村社会有机衔接

职业经理人是现代企业制度演进的产物，是社会分工深化的结果。要加快建设农村职业经理人市场，创造公平竞争的市场环境，通过优胜劣汰竞争机制选聘职业经理人，为农村集体经济发展选对人才、用好人才。农村集体经济组织虽是特别法人，但走上现代企业治理道路是主要趋势，应进一步完善成员（代表）大会、理事会、监事会“三会”组织架构，规范内部治理，探索引入职业经理人，创新“三会一人”发展模式。帮助集体成员树立市场化经营理念，认识企业家才能的市场定价机制和报酬实现形式，优化职业经理人在乡村社会的发展环境，促进职业经理人融入乡村社会。

（四）对农村集体经济组织聘用职业经理人保持探索理性

各村发展集体经济的时间、速度、路径和效果存在差异，并不都需要聘用职业经理人，应当鼓励有条件的村庄试点探索，但在政策上不应过度支持，防止条件不成熟的村庄盲目跟风。农村集体经济组织聘用职业经理人属于市场行为，各村应从村集体经济发展的实际需求出发，制定明确具体的选聘方案，并经股东（代表）大会讨论通过。要为农村集体经济组织聘用职业经理人营造自由宽松的环境和空间，建立容错机制，适时总结成功经验和失败教训，但不宜过度宣传渲染，防止探索试点被舆论裹挟。地方政府应加强监管和指导服务，减少直接或间接的行政干预，避免对农村职业经理人市场造成扭曲。

村企合作振兴乡村的典型模式和风险防控思考

张　斌　曲海燕　习银生　马霖青　炎天尧

企业是助力乡村振兴的重要力量，村企合作是实现乡村振兴的重要形式。脱贫攻坚时期“万企帮万村”行动为全面打赢脱贫攻坚战发挥了重要作用，2022年中央一号文件提出要广泛动员社会力量参与乡村振兴，深入推进“万企兴万村”行动。开展村企合作，既要有效发挥企业的积极作用，让专业的人干专业的事，也要防范企业进入乡村后损害农民利益。本文对村企合作振兴乡村的典型模式和可能的风险隐患进行了初步分析，并提出了防范村企合作风险、促进规范发展的政策建议。

一、村企合作振兴乡村的典型模式

开展脱贫攻坚以来，大量涉农企业积极支持乡村建设，将市场经济意识、先进管理理念带到乡村，把现代生产要素、先进技术模式引入农村，为全面打赢脱贫攻坚战做出了重要贡献，也为村企合作全面推进乡村振兴积累了丰富经验。目前村企合作模式多样，既有产销对接的现代农业合作发展模式和劳务对接的就业合作发展模式，也有聚焦基础设施、公共服务等社会事业项目合作模式，还有共建混合所有制企业的村企股份合作发展模式和综合性合作开发模式等。

（一）产销对接的现代农业合作发展模式

为解决农产品销售难问题，农村积极引入农产品流通和加工类企业，通过订单农业和电商合作等模式，开展产销对接，助力乡村振兴。订单农业模式指的是农户与企业签订订单，根据企业要求进行生产，企业负责保底收购。除了委托农户生产外，这种方式通常也包括企业租赁土地自建基地、“企业+合作社+农户”等形式。例如，江苏省吉麦隆超市管理有限公司对口帮扶徐州市睢宁县，先后与邱集镇34个村级合作社签订合作协议，联合打造优质稻米、新鲜蔬菜瓜果生产基地，支持加快当地现代农业发展，实现村均增收超过十万元。电商合作模式指的是依托互联网平台公司，促进农业产销衔接。例如，阿里巴巴集团与地方政府合作建立兴农扶贫馆，先后建设了安徽金寨、甘肃礼县等10余个电商脱贫样板县。除利用各类电商平台开设农产品网店、特色馆等方式外，近年来新兴的直播卖货、社区团购等，既让农产品的销售找到了新的出路，同时也补上了传统农产品营销的“短板”。

（二）劳务对接的就业合作发展模式

就业合作也是重要的村企合作方式，目前主要形成了“外引”与“内培”两种劳务对接模式。外引式劳务对接是通过劳务协作开展的异地转移就业。例如，广东珠海市与云南怒江州在开展东西部扶贫结对帮扶时，积极开展劳务协作，通过一系列激励和保障措施，2016年以来累计转移珠海就业近1.4万人，稳岗率从不到20%上升到了90%以上。内培式劳务对接是指企业通过发展非农产业扶贫车间吸纳本村劳动力就近就业。例如，2013年以来，山东如意集团在宁夏银川共投资200多亿元成立了银川滨河如意服装有限公司，结对帮扶招录员工1200余人，建设3个村庄扶贫车间，为附近村庄的1500多名留守妇女提供就业机会。

（三）乡村建设项目共建模式

乡村建设项目共建模式，主要聚焦农村基础设施建设和公共服务供给，由政府主导模式逐渐转变为政府引导、社会参与的新模式，重点探索“企业+政府+村集体”的合作供给模式。乡村建设项目共建模式在易地扶贫搬迁地区广泛存在，很多地方将搬迁项目与产业发展捆绑，将住房、公路等公益性

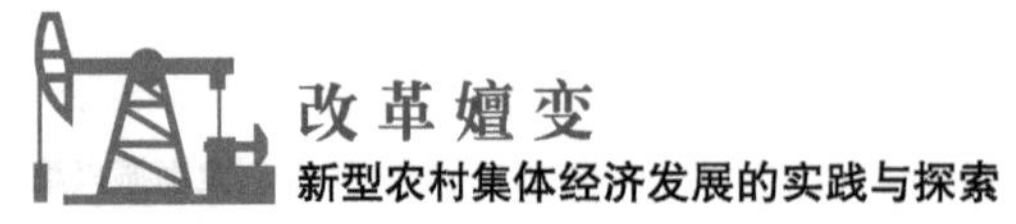

社会事业建设与产业、园区、乡村旅游等经营性项目整体打包，实施一体化开发、市场化运作，引导企业积极承接政府购买的基础设施和公共服务项目。如山东燕筑生态旅游开发有限公司与山东省沂南县岸堤镇朱家林合作，通过实施易地扶贫搬迁与发展综合项目在村内新建房屋，就近集中安置扶贫搬迁户 38 户 68 人，建设了生态艺术社区，开发旅游产品，探索出了一条有特色、有实效的易地扶贫搬迁新路子。

（四）村企股份合作发展模式

村企股份合作是村庄与企业共同投资组建新的股份制经营实体，在构建现代化企业管理模式、开展联合经营的基础上，实现风险共担、收益共享。在该模式中，村集体及其成员一般以土地资源入股为主，即将承包地经营权、宅基地使用权、集体经营性建设用地使用权入股，而企业多以资金、科技等要素入股，实现多种要素入股联合，全面盘活乡村资源要素。例如，2020 年，河北正定县塔元庄村与同福集团股份有限公司合资成立河北塔元庄同福农业科技有限责任公司，塔元庄以集体建设用地使用权及闲置集体资产估值入股，同福集团以现金入股。在收益分配方式上，根据企业利润情况实行村集体保底收益和按股分红相结合的模式。此外，对于自身资源相对缺乏、产业发展条件相对不足的乡村，多地探索了“飞地式”村企股份合作方式，即将本村资源投入异地产业发展获得收益。

（五）综合性合作开发模式

综合性合作开发模式主要指有实力、有意愿的大中型企业在符合法律法规和相关规划、尊重农民意愿的前提下，提出系统性乡村发展方案，与乡村联合打造新型社区综合体，实现整体性开发。这类模式涉及村庄的整体性开发，投资规模通常较大，发展形态以一二三产融合发展为主，也有通过特色小镇的形式实现跨村联合发展。例如，2014 年万达集团在贵州丹寨开展包县扶贫，投资 20 多亿元建设丹寨万达小镇，开业 3 年累计为全县旅游创收 120 亿元，促进了当地村庄跨越式发展。

二、村企合作过程中存在的风险隐患

村企合作将资金、人员、技术等外部生产要素引入村庄内部，有助于盘活农村闲置资源，吸纳农村剩余劳动力，壮大农村集体经济，为推进农业农村现代化带来了新的发展机遇。但不容忽视的是，作为村庄内外资源融合发展的产物，村企合作在实际运行过程中亦显示出一定的风险隐患，对村企合作风险的识别预警与应对防治是有效发挥村企合作正向价值的重要保障。

（一）主体缺失风险：农民地位“被边缘化”

村企合作以企业和村庄优势互补、互惠互利、合作共赢为基础，其目的在于村企之间通过优化信息、技术、管理、资金、劳动力、土地等生产要素配置，互促互动，共同助力企业和村庄发展。农民作为村庄的主要居住者、农业的主要从事者，在村企合作中，是兼具多种属性的集合体。从企业发展的视角看，农民既是生产要素中的劳动力，亦是土地承包权、经营权的归属对象；从村庄发展的视角看，农民既是建设者，也是受益者。外部企业自带资本属性，以村“两委”、村民等为主的村级合作主体为吸引企业入驻，会在一定程度上适当让渡村企合作的主导权，由于村民委员会在村企合作中具有一定的村庄代表属性，权利让渡的演化结果往往会使广大农民在村企合作中的主体地位缺失，成为村企合作的边缘群体与被动群体，难以参与到村庄发展之中。

（二）文化侵蚀风险：原生认同“被弱质化”

乡村文化是农民在农业生产生活实践中逐步发展起来的道德情感、风俗习惯、行为准则、认知模式等，由于自然禀赋以及发展环境的不同而具有一定的异质性与特殊性。村企合作中，企业作为市场经济的产物，进入村庄这个相对封闭、结构稳定的地域环境中，带来了现代资本文明与传统农耕文明的碰撞与融合。在这个过程中，资本的趋利与剥削属性逐渐显露，冲击着农村社会的共同体意识和乡村文化体系，在一定程度上会导致农村社区文化认同日益弱化，农民情感认同逐渐式微。

（三）利益分配风险：农民收益“被最小化”

村企合作以农业产业化经营为基础，村企双方通过提供自己的优势资源，相互补充、相互吸引，共同建设、共同受益。其中，村集体以固定资产入股，农民以土地流转或劳动力投入等方式参与村企合作，并通过契约化方式明确收益分配方式。在这个过程中，由于农民群体不具有与企业谈判的能力，以及信息不对称等因素的存在，农民在利益分配格局中容易成为边缘群体，被工商资本侵占土地增值的级差收益与溢出价值，从而导致农民资源投入与所获产出并不对等。与此同时，企业作为市场化经营主体，在经营不善导致亏损的情况下，将无法支付土地流转租金、无法吸纳村庄剩余劳动力，在一定程度上会造成农民的收益损失。以上风险因素的存在容易导致村企合作的现实运作与“始终把实现好、维护好、发展好广大农民根本利益作为农村一切工作的出发点和落脚点”的政策意愿背离。

（四）动力替代风险：村庄发展“被驱动化”

村企合作中，企业进入乡村为其发展带来了新的机遇与挑战，为满足企业运行需求，企业入驻村庄积极开展基础设施提档升级、村庄卫生环境整体改善等，村庄发展的动力来源于外部驱动。此外，村企合作的资金来源通常依赖企业自筹和政府政策支持，然而市县以下地方政府的配套建设资金难以落实，乡镇财政支农资金有限，农村集体经济薄弱，村集体建设用地难以实现有效抵押，村集体参与村企合作的主动性尚未得到有效激发。对于开展村企合作的村庄，村集体经济收益的来源很大程度上依托于企业收益分红与租金支付，村庄发展一定程度上受制于村级合作企业的盈利状况。乡村全面发展是一个不断完成阶段性目标、实现农业现代化和乡村可持续发展的进阶过程，在外来资源减弱或退出后，农村未来的建设主体和发展主体仍是农民，若不能激发乡村发展的内生动力，仅靠外部力量推动必将呈现出边际递减的发展效果。

（五）投资转向风险：产业定位“被非农化”

企业是以营利为目的的经济组织，本质上具有逐利性的特点，企业生产经营追求的是经济效益，目的在于实现资本的快速增值。除了以劳务、基础设施建设为对象的村企合作模式，多数情况下村企合作往往以农业产业化经营为基础，延伸产业链至二三产业，推动一二三产业融合发展。在这个过程中，由于农业生产具有季节性、周期性的特点，并受气候条件、病虫害等因素影响具有一定的不稳定性，农业产业盈利空间小，投资回收期长。为追求利益的最大化，存在村企合作企业将农村大规模土地流转后，改变土地农业用途，搞“非农化经营”的现象，或者借助农业产业的外壳实际从事非农产业发展的倾向。合作企业潜在的投资转向，一方面，容易挤出粮食及其他农作物规模化种植的空间，带来粮食安全底线难坚守、农产品结构性失衡难调整的风险；另一方面，容易背离农民熟悉的产业领域，提高了农民参与的能力门槛与受益的权利门槛。

三、规范和助力村企合作的对策思考

村企合作在脱贫攻坚中发挥了重要作用，随着“三农”工作重心历史性转向全面推进乡村振兴，如何借助村企合作的有益经验进一步助力乡村振兴，避免村企合作中的风险隐患所带来的负面影响，对于推进农业农村现代化以及实现农民农村共同富裕具有重要意义。

（一）企业端：强化制度约束，规范合作行为

通过加强对村企合作企业的制度规范与规则约束，严格村企合作准入制度与风险管控，降低村企合作风险。一是建立村企合作的企业筛选制度。对有村企合作意向的企业，以企业性质、注册资本额度、行业类别、净利润等指标为参考，结合企业编制的村企合作规划方案进行综合评价，根据评价结果择优选择。二是建立村企合作风险保证金制度。以合同形式明确约定合作

企业开展村企合作期间的责任约束与风险理赔事项，设定适当额度的风险保证金，并交由相关政府部门或第三方机构管理，防范村企合作企业套取财政项目跑路等合作乱象的发生，增进村庄主体对外部企业的合作信任，降低企业不当经营给农村农民带来的潜在风险。三是建立村企合作跟踪监管制度。对村企合作全过程进行跟踪监管，做好及时跟踪、定期跟踪、连续跟踪。通过跟踪监管对村企合作过程中可能存在的风险及时预警，对发现的风险问题及时提出，对提出的风险问题跟踪整改，从而确保村企合作不偏离以农为主、村企互惠、合作共赢的预定轨道。

（二）村庄端：强化能力建设，推进内生发展

通过多种方式提升农民农村参与村企合作的市场化能力与组织化能力，在村企合作的同时激发村庄发展内生动力。一是加强农民参与市场的行为能力建设。村企合作过程中，农民通过土地流转、闲置房屋出租、劳务输出等方式参与到市场运行体制之中。鼓励开展技能、法治等相关专题培训，提升农民参与市场的行为能力与法治意识，一方面强化企业对农民在村企合作中的主体身份认同，另一方面降低农民违背契约的风险，避免产生矛盾纠纷。二是加强村庄“造血”能力建设。联合合作企业开展村庄产业发展人才培育，选派村中新型农业经营主体带头人、村干部以及有创业意愿的农户到合作企业中学习先进的生产技术与市场化的管理理念，开拓发展思路，激活村中能人带头发展的队伍活力；持续开展农村水电路网等基础设施改造升级，深化农村环境整治，以良好的村庄发展条件主动吸引更多企业合作。三是加强党建引领夯实村庄组织化程度。继续加强农村基层党组织建设，以村企党支部联创共建为纽带，建立健全企业、村集体、农民等村企合作主体间的合作机制和组织架构，提高农民组织化程度与治理水平。

（三）联动端：强化互通共建，发挥叠加效应

找准村企联动的结合点，以多种方式促进村企合作主体间的有效联动，充分发挥企业优势与村庄资源的双重叠加效应。一是建立村企信息共享平台

与互通机制。依托公众号、视频号、微信群等多种新媒体媒介，构建起线上村企发展信息发布与展示平台；定期召开村企代表联席会议，村企双方就相互关心的问题如农业产业发展需求、公共卫生事件防治、公共安全维护等进行沟通。通过双轴联动，赋予村企合作主体充分的知情权、参与权与决策权。二是建立村企联合发展理事会。理事会成员建议由企业代表、村民委员会代表以及村民代表构成，致力于推进村企发展共同体的打造，实现问题共商、社区共建、文化共兴、发展共享。三是完善村企合作资产的增值收益分配机制。积极探索资产增值收益在政府、企业、村集体、农民间的分配导向。构建利益主体合理分配资产增值收益的基本共识，兼顾利益主体合理的利益诉求，引导政府、企业、村集体、农民等采取协商的方式形成合理的增值收益分配比例。

关于正定县塔元庄村企合作的调研报告

习银生　张　斌　马霖青

为深入了解河北省正定县塔元庄开展村企合作、探索乡村振兴“华北样板”的有关情况，按照部领导的指示，农研中心成立了专题调研组，于2021年4月26—27日赴正定县进行了实地调研，考察了塔元庄同福乡村振兴示范园建设运营情况，先后在企业、村委会举行了2次座谈会，聚焦村企合作的背景、模式、成效及问题等核心议题，与省、市、县、乡、村各级干部以及村民代表、企业负责人进行了沟通交流。总体看，塔元庄村与同福集团名村名企合作模式，属于强强联合、优势互补的合作形式，对于我国城郊型村庄探索乡村振兴道路具有重要借鉴意义。现将有关情况报告如下。

一、基本情况

（一）塔元庄区位和历史优势明显

正定县塔元庄位于滹沱河北岸，距石家庄市约10公里，距正定县城约1.5公里，交通便利。在正定县全域旅游范围内，现有本地人口2030人，外来人口8000多人，耕地760亩，河滩地3000多亩。习近平总书记曾在此工作，近年来先后两次来此视察，十分关心塔元庄的经济社会发展。

（二）塔元庄注重三产融合发展，集体经济基础强

自2000年以来，塔元庄村“两委”班子坚持以强村富民为目标，注重发展集体经济，通过发展二、三产业，积累了较好的经济和产业基础。通过

改善村容村貌，2006年被农业部评为环境卫生示范村。2008年开始，通过旧村改造，盘活土地资产，2010年新民居落成，全村2000多名村民迁入新居。2011年，成立专业合作社，流转土地500余亩，建设现代农业科技示范园。此后，利用沙滩地开发水上嘉年华项目，建设美食一条街、木屋民宿小镇等项目，打造看、玩、食、娱、购一条龙的生态农业观光园。利用该村及周边村庄土地建设高标准果蔬种植基地。经过多年的努力，以休闲娱乐、田园观光、采摘体验、乡村民宿为特色的乡村游，成为村经济发展的亮点和特点。另外，塔元庄是习近平总书记任正定县委书记时的联系点，形成了独特的无形资产。2013年，习近平总书记视察塔元庄，提出“把农业做成产业化，养老做成市场化，旅游做成规范化”的“三化”发展方向。按照总书记的指示，塔元庄充分发挥自身优势，继续壮大村集体经济，积极探索多元发展途径。2020年，塔元庄村集体收入达到2000多万元。

（三）同福集团实力雄厚，多年深耕三产融合

同福集团是一家集现代农业产业、健康食品产业、连锁餐饮产业、文旅康养产业等四大产业于一体，整合研发、生产、销售、物流、服务，一二三产融合的现代化企业集团。主要从事大型现代农业项目建设，粮食及农副产品精深加工，营养粥品、蛋白饮料、果汁饮料生产等业务。资产约50亿元，员工5000余人，销售渠道覆盖20多个省份，拥有2000多家一级经销商和30万个重点销售网点。该集团是农业产业化国家重点龙头企业、全国主食加工业示范企业、国家级高新技术企业。

（四）村企整合优势资源，实现强强联合

2019年底，在河北省政府牵线搭桥和推动下，塔元庄与同福集团开始合作，整合村、企优势资源，科学制定发展规划。同福集团董事长刘山国表示，企业看中的是塔元庄良好的地理位置、强有力的村“两委”班子、较好的乡村旅游等三产融合资源基础以及较高的村庄知名度等优势资源。全国人大代表、塔元庄村书记尹小平认为，村里看中的是同福集团长期从事农业相关领

域的经营管理实践基础和扎根农业农村做事业的情怀，实行村企合作，双方一拍即合。企业规划总投资20亿元，分期建设“塔元庄同福乡村振兴示范园”，一期于2020年8月1日竣工，已正式运营，二期于2021年底竣工。

二、村企合作的具体做法

（一）政府优化营商环境，推动村企合作

2019年，河北积极发挥政府招商引资的作用，创造良好的营商环境，引进董事长为石家庄人的同福集团回乡投资，提供政策和服务支持，积极推动塔元庄和同福集团的合作。

（二）成立公司分配股权，确定经营范围

塔元庄和同福集团于2020年1月10日合资成立河北塔元庄同福农业科技有限责任公司，公司注册资本1亿元，其中，塔元庄以4万多平方米集体建设用地使用权及仓库、大棚等闲置集体资产估值入股3000万元，同福集团以现金7000万元入股，合同期15年。经营范围包括农业技术领域内的技术研发、技术服务、技术转让、技术推广；家禽、家畜养殖及技术咨询；农业采摘、观光；旅游服务；住宿服务；组织文化艺术交流活动；户外拓展训练；研学旅游服务等。

（三）建立现代治理架构，确定村集体保底收益

在治理方式上，公司建立党支部，负责企业党建、员工素质提升等，由合资企业全面负责乡村振兴示范园的运营。在收益分配方式上，实行村集体保底收益、按股分红模式。如果合资企业实现利润在1000万元及以下，则村集体收益为1000万元；如果利润超过1000万元，则村集体分红为利润的30%。这种方式较好地解决了村集体对企业运营的后顾之忧。

（四）开设十大业务园区，实现三产融合

在业务方面，“塔元庄同福乡村振兴示范园”分期进行建设，具体包括十

大园区，分别是塔元庄同福模式展馆园区、健康食品产业园、四季采摘及智慧农场园区、大型田园康养园区、餐饮会议中心及啤酒广场园区、研学教育及农民培训学校园区、儿童娱乐园区、特色民宿酒店及婚庆广场园区、大型文化演艺园区、万亩现代智慧农业园区，示范园将形成一二三产融合发展的高标准乡村振兴综合体、现代都市型农业示范区。

三、村企合作的初步成效

（一）乡村产业加快发展，经济效益初显

塔元庄村之所以选择与同福集团合作，原因在于自身的产业发展已进入瓶颈期，亟须外部专业力量支持。调研中，村党支部书记反复强调“专业的事情需要专业的人来做，村庄管理我们可以，但产业经营还是需要企业”。将全村 4 万多平方米的集体建设用地使用权和部分闲置集体资产估值入股同福集团，不仅使村集体每年至少直接获得 1000 万元分红，而且实现村庄产业全面升级，这既促进了其他集体资产保值增值，也有效带动了当地村民就业增收。2020 年双方开始合作，仅用 3 个月就完成了一期建设，实现了农业产业化升级和旅游规范化发展。在农业产业化方面，以中央厨房为纽带，引进各类设备技术，打造大健康产业，促进温室大棚专业化、科技化生产，而且通过种养结合、有机肥生产示范等，既减少了农业废弃物，又提升了食品健康。在旅游规范化方面，以观光采摘、研学教育、会议接待为核心，建成了同福模式综合展示馆、游客接待中心等配套设施，实现了一二三产业融合发展和村庄生产生活生态融合发展，有力助推了城乡融合发展。企业目前在全村有固定员工 300 多人，临时雇工 400 多人，实现了村民在家门口就业。

（二）乡村振兴全面推进，社会效益突出

在村庄产业加快发展的同时，塔元庄村在社会治理、精神文明建设、生态建设等各方面也实现同步提升，社会知名度进一步提高。一方面，与同福集团的合作，使村庄经营管理理念不断升级，进一步推进乡村产业的标准化

管理、品牌化运营和平台化建设，也使村“两委”干部有更多的时间精力聚焦村庄社会事务管理，更好增强村民的幸福感、获得感和安全感。另一方面，借助同福集团的宣传推广渠道，塔元庄的社会知名度不断提升，前来参观考察学习的人不断增多，无论是村干部还是村民，都对自己的家乡充满了浓浓的自豪感。调研中，园区一位导游说，“原来假期天天想着带孩子去哪里玩，现在家门口就有各种好玩的，还能一边玩、一边学，一点不比城市里差”。

（三）示范样板功能突出，引领作用彰显

塔元庄与同福集团的合作模式，是各级政府合力推动的乡村振兴示范项目。项目初步取得的成效，具有示范引领作用。调研中，有干部反复强调“塔元庄同福模式，可复制、可推广，非常适合城郊型经济村庄”。我们了解到，通过塔元庄项目，同福集团在当地也获得了良好的社会声誉，颇受各级政府重视，目前正在石家庄市栾城区等地积极寻找合适的合作村庄，以进一步推广村企合作的乡村振兴模式。

四、存在问题

塔元庄同福乡村振兴示范园目前运转良好，但也存在一些需要关注的问题。

（一）村企利益联结机制问题

当前采取的是村集体固定资产入股、年终保底分红的方式，运营管理全部由同福集团负责。目前还处于投资期，双方对收益分配方式暂无争议，但对于村企合资企业的增资问题、增资后的股权比例问题缺乏明确合同条款，如果未来项目效益明显，在股权占比及利益分配上可能会出现矛盾纠纷。

（二）项目营利性及用地问题

从项目设计看，农业的产业化经营虽然可以提高农业的绝对收益，但由于

耕地面积有限，农业本身的相对效益不高，村企合作更多需要依托二三产业发展；旅游产业的优势是轻资产运营，具有较好的盈利空间，但是管理成本也较高。因此，项目的关键盈利点是在养老产业，但是养老项目用地问题目前还没有解决。由于塔元庄村很早就完成了村庄整治，已难以通过空间整理再获得新增建设用地，这是调研中企业反映最突出的问题。

（三）融资贷款难问题

村企合资企业由于成立时间短，还难以享受各方面的信贷支持，现有项目建设资金投入都来源于同福集团自有资金。同时，由于村集体建设用地的产权证件不完整，难以实现抵押贷款。

五、对策思考

村企合作是推进乡村振兴的重要途径，既有助于发挥村集体的组织优势，也有助于充分利用外部市场的资源优势。塔元庄同福模式，对于城郊型村庄发展具有一定的借鉴意义。

（一）政府部门牵线搭桥，尊重村企合作意愿

首先，村企合作，政府部门可以有效发挥引导作用，积极牵线搭桥，做好信息沟通工作，为村企合作提供良好基础。其次，村企合作需要强有力的村集体组织管理能力。塔元庄是全国创先争优先进基层党组织、全国先进基层党组织、全国文明村，村“两委”班子能力强，主动作为谋发展，为村企合作奠定了扎实的组织基础。最后，村企合作要充分尊重双方意愿。发挥好村企合作优势，关键是要让专业的人干专业的事，地方政府部门不能越位，要充分尊重村企双方意愿。塔元庄与同福集团合作过程中，坚持双方独立决策，互惠互利，友好协商，塔元庄并没有把村庄的所有集体资本一次性全部委托企业经营，为自身的可持续发展留足了空间。

（二）加强示范宣传，鼓励企业参与乡村振兴

企业特别是知名企业是乡村振兴的重要主体。要积极引导各类企业投身乡村振兴事业。对于参与力度大、带动能力强、贡献突出的企业，要通过示范推介等方式，积极进行宣传，提升企业的社会影响力和知名度，营造共同支持乡村振兴的良好氛围。如 2020 年举办的首届中国乡村振兴高峰论坛暨“乡村振兴”塔元同福模式研讨会，效果良好，对村企合作起到了较好的宣传推介作用。

（三）强化金融服务，缓解企业融资贷款难问题

对于村企合作项目，要创新金融服务方式，鼓励采用土地承包经营权或集体建设用地使用权等资产抵押、债券融资等方式，缓解企业融资难问题。进一步完善集体资产登记确权办证等工作，为进一步盘活集体资产夯实基础。完善龙头企业管理机制，进一步强化财税金融等优惠政策。

（四）完善村企利益联结机制，促进村企合作可持续发展

塔元庄村集体资产入股、年终保底分红、村集体不直接参与经营的方式，是村企合作的重要模式，值得推广借鉴。特别是在村企合作初期，这种方式有利于保障村集体收入，也有利于充分发挥企业的自主经营能力。随着村企合作的深入推进，要逐步完善村企合作机制，强化企业运营监管，健全外部财务审计制度，防范利益分配中可能出现的矛盾纠纷。

袁家村兴盛密码

倪坤晓　何安华

一、袁家村发展历程

袁家村隶属陕西省咸阳市礼泉县烟霞镇，地处关中平原腹地，西咸一小时经济圈内，先后荣获国家AAAA级景区、中国十大美丽乡村等称号。20世纪70年代以来，袁家村在郭裕禄、郭占武两代村支书的带领下，以共同富裕为目标，以乡村旅游为抓手，以股份合作为纽带，以村民为主体，以村庄为载体，打造农民创业平台，还原地道农村生活，经历了“农业—工业—服务业”的转变，探索出产业共融、产权共有、村民共治、三共融合的包容发展之路，实现了艰苦创业拔穷根、兴办企业奔小康、乡村旅游促振兴的跨越式发展。

20世纪70年代以前，袁家村是有名的“烂杆村”，耕地无牛、点灯没油、干活选不出头。20世纪70年代初，原村支书郭裕禄带领村民建设农田水利，大力发展粮食生产，将靠天吃饭的贫瘠土地改造成旱涝保收的良田沃土，解决了群众温饱问题。20世纪80年代，袁家村抓住改革开放机遇，发展村办企业，先后建成白灰窑、砖瓦窑、水泥预制厂等企业，集体经济快速发展，实现从农业稳村向工业富村的转变。2000年，袁家村人均年收入从1970年的29.6元增加到8600元，集体积累达1.6亿元，成为陕西著名的“小康村”。20世纪90年代后期，随着国家产业政策调整，村内高耗能、高污染的企业陆续被关停，集体经济萎缩，袁家村面临着“出路在哪里”的考问。2007年，在改革开放浪潮中成长起来的郭占武出任村支书。他带领村民以乡村旅游为突破口，打造关中印象体验地，先后建成小吃一条街、康庄北街，成功解决产业发展和农民增收问题。2010年，袁家村开始升级做乡村度假产业，打造民宿和精品客栈，满足都市居民休闲度假和文化消费需求。2015 年，袁家村按照“乡村旅游 + 三产融合”思路，推动产业升级，实施“进城出省”的“走出去”战略，进军西安高端商业综合体，对外输出袁家村商业模式和品牌，取得良好成效。2019 年，全村共接待游客 600 万人次，旅游总收入超 10 亿元，村民人均收入 10 万元以上。

二、袁家村兴盛的六大机制

（一）全民参与机制

袁家村将村民有序组织起来，以关中民俗为魂、传统生活为韵、村落民宅为形、农业产业为基，充分挖掘村民潜力、调动发展积极性，动员全体村民参与乡村旅游，自主经营老字号、农家乐等，完整保留了农村原生态生活场景，实现村为景区、家为景点、村景一体。一是组织动员。村“两委”干部善于运用组织力量，开展群众工作，统一群众思想。正如村支书郭占武所说：“村里工作的核心是管，管的核心是沟通，只要你没有私心，工作就好开展了。哪些人可能会不同意，我大概都知道，事先会一个个去做思想工作，卖资历，卖面子，用人格担保，党支部监督等，都是很好的法子。”二是试水“演练”。村民一开始并不了解股份制，参股意愿较低。为打消疑虑、争取信任，2010—2011 年，袁家村开展了一次股份合作“演练”：村干部带头先行，动员全村 62 户每户出资 1.1 万元入股酸奶、油、辣子等 8 家作坊，一年后村民不仅拿回了本金，还享受到 10% 的收益分红，入股积极性大幅提升。三是政策带动。2007 年，为鼓励村民发展农家乐，袁家村给愿意投资办农家乐的村民报销一半装修费，同时免费供应水泥。2007—2008 年在康庄老街开作坊可免租金。“村里有很多好政策，大家看到了实实在在的好处，自然就愿意跟着干了。”村会计如是说。

（二）产业运作机制

袁家村走出了一条“三产带二产促一产”的“321”产业融合发展之路。

一是立足农业。袁家村坚持从农业中来、到农业中去、带动农业的发展理念，始终围绕农业多功能性发展产业，通过乡村旅游带动农产品销售，拉动农副产品加工，促进农业生产。二是组织有序。袁家村有着清晰的产业规划和经营逻辑，开设哪类作坊、经营何种小吃均提前设计，经营资格公平竞争，资质优、产品好者得之，经营者需按村内规定的专业分工、小而精理念发展。如村支书所说："一开始设计好卖什么，谁来卖，遇到几家同时报名的，就比赛，留味道最好的那一家。小吃街有100个商户，就要有100种小吃，这样能避免同质化恶性竞争。"三是闭环运营。袁家村的小吃街、作坊、城市体验店等均采用公司化方式管理，原料集中采购、统一供应，财务统一核算、闭环运行。村会计介绍说："村集体会派财务统一监管，调料、面粉等村里供给，商户和村集体之间的交易都是签字，所有账务都是村里走流水。"四是严控质量。袁家村以"农民自己捍卫食品安全"为使命，构建了集采购、管理、监督、加工于一体的内部质量监管机制。优先使用作坊生产的面粉、油、醋等农副产品，专员全国采购、可追溯；村"两委"干部强力监管，村民实时监督，商户诚信经营、重誓承诺，加工制作全程开放。如老吕粉汤羊血在店门口挂着起誓内容："店主发誓承诺，如果羊血掺假，甘愿祸及子孙。店主吕伟。"五是多元立体。袁家村在村域内打造关中印象体验地，以传统老建筑、老作坊、老物件等文化遗产为载体，开发特色民俗体验、挖掘民俗工艺，发展乡村旅游；同时创新引入艺术长廊、咖啡酒吧等新业态。在省域内布局城市体验店，如2015年西安城市体验店开业，优选商户30家，将关中小吃和优质食材融入城市消费场景，村民入股的600万元投资，仅九个月就全部收回。在全国输出文化品牌，村集体成立策划运营公司，用袁家村品牌和模式与地方政府合作，共同开发市场。目前已建成山西忻州古城、青海河湟印象、河南同盟古镇、海南博鳌印象，江苏宿迁印象等正在建设。

（三）股权设置机制

袁家村的股权设置充分体现了"先富带后富、共奔富裕路"的理念，具有四个典型特点。一是股份制经历了“强制要求”到“个体自觉”的过程。为带动村民致富，村干部选择村内经营稳定、效益较好的经营者，动员其将店铺改为股份制，经营者自留20%~30%股份，全体村民平分剩余股份，村集体不占股。多数经营者无法接受，认为“凭什么将我辛苦挣来的钱分给别人”。村干部就开始做工作：“村里的资源和市场是有限的，你的生意现在是好，但如果所有人都来做这个生意，用不了多久你就做不下去了，我们承诺只要你改成股份制，村里就只有你一家做这个生意，别人都不跟你抢，这是让你更好地挣钱。”当一些经营者将店铺改成股份制，享受到独占市场资源的好处时，一些观望者也纷纷开始进行店铺的股份化。二是股份制不是为了筹钱，而是为了分钱。这是袁家村的创新做法。如村支书所说：“不是什么项目都让村民入股的，我们都是先找到一个创意，然后吸引其他资本进行经营，发展好了再通过沟通让他们让利给老百姓。”访谈时，无论是村干部还是村民，都反复说：“一个人富不是富，大家一起富才是真的富。”袁家村通过股权设置带动群众共同致富的发展思路有其独特性，需要强有力的村“两委”班子和具有旺盛生命力的市场。三是股权设置充分兼顾公平。2012年试行股份制时，袁家村的北组和南组有较为明显的分化，北组村民经济基础好、积极性高，南组村民思想观念相对保守、经济基础较差。据村会计介绍，酸奶合作社入股时，报名人数比较多，为平衡南北组发展差距，北组村民若报名入股5万元，村里只批5000元；南组村民报名入股不设限，7万~8万元都批。这种“钱少先入、钱多少入，照顾小户、限制大户”的做法缩小了村内贫富差距。四是股权设置鼓励交叉持股。旅游公司、合作社、商铺、农家乐等互相持股，交叉持有460家商铺股份，村民可自主选择入股店铺。据介绍，村民人均纯收入中入股分红、房屋出租等财产性收入占40.1%。

（四）经营管理机制

袁家村坚持以企业管理方式治理村庄，以创新经营方式激发内在活力，提高经营效益。一是“放水养鱼”。为吸引经营者入驻，袁家村在乡村旅游起步期，对所有经营户免收租金，承诺经营者在收回成本前不收取任何费用，成本收回后提取收益的 20% 为管理费。“我们一开始做的是人气，先把有想法的、有能力的人给引过来，土地和基础设施本来就是村里的，没什么成本。”二是人才“引进来”。袁家村经营项目的股份设置遵循“六四”规定，即本村村民入股占 60%，外来经营者、务工者等入股占 40%。这一规定对外来人口是极大的激励。同时，袁家村面向全球招募“实习村长”。据村干部介绍，2018 年至今共有 6 位“实习村长”，都是有先进发展理念、致力于乡村发展的年轻人主动来学习经验，食宿自付，可参与村庄管理、献言献策，一般学习 1~2 个月，有的超过半年。“这些实习村长为我们带来了新的思想、理念，让我们在村里就可以接触到最优秀的人才，效果非常好。”村会计满脸笑容地介绍道。三是留住人才。2015 年，袁家村利用集体建设用地盖了 6 栋楼房，以每平方米 1200 元的成本价卖给了在村内工作和生活的外来人口，且规定只要在村里居住，孩子就可以在当地上学。如一位村干部所说：“要让人真正留下来，让产生的效益服务村内经济，让增值留在村内。”同时，村民都有农家乐或民宿，村里年轻人大多选择回乡就业。如返乡经营农家乐的王某一脸自豪地说：“我入股了小吃街 20 万元、作坊 15 万元、城市体验店 15 万元，仅体验店这一项，每月分红就有九千元左右，这个月有 1.1 万元。我们啥也不用做就有钱，能不高兴吗？”四是人才“走出去”。袁家村在农民夜校为村民和商户教授英语，在景区实现中英双语标识，还派送 300 多名村民去日本、泰国学习服务意识和精细化管理。同时，坚持质量至上，督促商户提高产品品质。一位村干部介绍说：“有些手艺不怎么好，我们一直要求去人家做得好的地方学习，一定要把好吃的东西做出来。现在，都能做好了。”

（五）收益分配机制

袁家村形成了股权清晰、分配明确、你中有我、我中有你的利益共同体，构建了缓解贫富两极分化的收益再分配机制。一是体现了先富带后富的发展理念。袁家村通过“以长补短”“以强扶弱”“以点带面”的方式，在兼顾公平和效率的前提下，调整利益分配方式，缩小收入差距。以小吃街上的粉汤羊血收益分配为例，经营者收益占 35%，股东分红占 20%，村集体管理费占

20%，剩下的 25% 用来调节经营户间收入差距。村集体每年会根据店面的平均收益制定 1 万~2 万元、3 万~4 万元、5 万~6 万元不等的收益调节方案，如扁豆面的年收益只有 2 万元，但店主工作认真，村集体会补贴 8 万元。收益调节方案没有明确的底线和上限，村集体会综合考虑店面产品的性质、经营者的工作表现、家庭情况等制定不同的分配方案。收益 25% 的调节比例中，20% 用于一次性调节收益较低的经营户，剩下的 5% 是村“两委”干部实际走访经营户，了解真实需求后再调节的。二是向家庭经营倾斜。以小吃街的收益分配为例，在制定收益调节方案时，村集体会将收益补贴向夫妻店倾斜，如凉皮店的年收益是 8 万元，为一个人经营，村集体一般不会予以补贴，但在同样的年收益下，若是两口子共同经营，村集体会适当予以补贴。“我们这么做是为了鼓励两口子经营，鼓励经营户将家安在袁家村，保证小吃街经营的长期性、稳定性和持续性。”一位村干部解释道。三是兼顾“新村民”的利益。袁家村的所有股份制项目对本村人和外来经营者、打工者都是开放的，所有人都可以根据政策享受到相应的入股分红。“无论是做生意的，还是务工的，我们都希望他们能留在村里，在村里生活。袁家村的发展不仅要靠本村人，还要靠这些新村民，我们要做的就是充分调动他们的积极性，让他们参与到发展中，分享袁家村的发展红利。”村支书如是道。

（六）乡村治理机制

袁家村针对社会结构出现的新变化，创新乡村治理理念和模式，注重精神文明、加强思想教育、弘扬优良传统、淳厚乡风民俗，有序推进自治、德治相统一。一是自我管理、自我教育、自我服务、自我监督。袁家村以自治为基础，以村民议事会、道德评议会、红白理事会、禁毒禁赌会等方式，实现村民自治。设立明理堂，请德高望重的人来主持，处理村子里各种矛盾，组织村民教育。每个店铺张贴食品安全保证承诺书，用信誉担保。成立小吃街协会、农家乐协会等，不挂牌、不注册，所有经营者都是志愿者，义务监督，共同构成了强大的内部监督体系。一位协会会员介绍道：“我们的小吃街协会在 2009 年的时候就有了，只是现在起了一个规范化的名字，没有经营实体，大家都是义务检查卫生。”二是以道德为约束，构建乡风文明的精神家园。袁家村以德治为引领，将培育和塑造诚信文化、民俗文化、书斋文化、乡贤文化等乡风文明与发展乡村旅游结合起来，以道德引导行为、约束行为。通过会议、宣传栏、远程教育等形式开展社会主义思想道德教育，教育村民树立正确的人生观、价值观。以建设“美丽乡村 文明家园”为依托，打造文化活动广场、乡风文明一条街。开设“善行义举”榜、村规民约专栏、农民学校，举办旅游礼仪讲座、五好家庭评选、好媳妇好公婆评选等，凝聚健康发展正能量。在主干街道上开辟“新乡贤带头人”示范栏，用身边好人、道德模范、优秀村干部教育引导群众，大幅提升全体村民精神文明素养。

三、经验启示

（一）组织动员村民是发展的重要法宝

人是发展的内核，是村庄保持旺盛生命力的重要源泉。袁家村善于发展村民、组织村民、带领村民，在全民参与产业运作、股权设置、经营管理、收益分配和乡村治理的各个环节都体现了集体和村民的意志。村民的参与激发了共建共营的热情，重构了熟人社会的信任，降低了利益主体博弈的成本。这种在地化的发展模式，汇聚了村庄发展的人气、增加了乡村旅游的生活气，让集体资产增值收益留在村庄、服务村庄，让集体经济发展活力倍增。

（二）唤醒集体自觉是发展的重要基础

集体的力量来自成员共同的目标和团结协作，集体的组织动员力、号召力和凝聚力在袁家村表现得淋漓尽致。袁家村强有力的村“两委”班子和高度自治的村民群体共同唤醒了集体自觉，催生了强大的集体荣誉感，村民以村为业、以村为傲，共同经营和维护村庄形象；形成了内在监督机制，村民自我管理、自我约束，共同践行和捍卫食品安全；构建了村民与集体联系紧密的荣誉共同体、责任共同体，个体与集体一体发展，实现了多元主体共商共治。

（三）平衡公平效率是发展的重要手段

效率是村庄的发展机制，公平是村庄的稳定机制。袁家村坚持共同富裕的发展理念，建立了全民参与、集体行动的公约，构建了集体、经营户、入股村民的利益共同体，以收益分红补偿其他人放弃同质竞争的潜在损失，实现三方共赢；以股权设置为基础，适当向村内低收入人群倾斜，有效平衡了不同收入水平村民的入股金额和比例，实现股权构成的“先富带后富”；以收益分配为调节手段，兼顾短期利益和长期利益，设置“以强带弱”收益再调节方案，缩小村民和经营户收入差距，实现了共享共富共荣。